王偉忠
盡情吹牛六十年的
心得報告

王偉忠　著

「人生也是如此，必須隨著年紀、隨著境遇來調整速度，
這時候也必須半減卻、轉換成另一種態度，
才能跑得久、跑得遠、跑得快樂。」

——王偉忠

Contents **目次**

II 生命最重要的事

III 這個世代的人生清單

IV 人有魂，創作也有魂

V 當個成熟的老人

VI 唉！時代真變了

VII 英雄就怕立場不正確?!

推薦序1　同學的背影　劉克襄（作家）

走到這個年紀，繼續打拚就不再只是為了自己，總是想要創造好一點的環境，多給年輕人豐厚的機會。這一期待恐怕也是吾輩想要實踐的，回饋這塊島嶼的重要共識，相信他也會樂意扛負。

／

七〇年代末，在華崗讀書時，印象裡很少在教室遇到偉忠。究其因，可能是自己經常蹺課。又或者，他也如此。

但有一、二回溜進去，心虛地坐入後排。偉忠剛好在前，我會不自覺選在他後頭。何以致此，原來他的身子夠高大，適宜遮擋，可以減少老師認得我。有時回想，那些年看到他的背影，說不定比正面還熟悉，包括聲音。

後來，應該是畢業若干年了，我即將結婚，還是已公證了，有天晚上經過南海園區，一群男生扛著拍戲的笨重道具，和我擦身而過。他們爆出平時一定經常朗朗上口的幹話，兼及談到某些女生的戲謔。從這一票螢光幕後勞動兄弟的喧嚷中，我聽到了老同學的熟悉腔調。

我回過頭，望著燈光微弱的廣場，原本想高喊他的名字。可看著一群人整團混沌的漆黑，想要驚喜呼喚的熱情，湧到喉頭時竟鯁住。為何突然不打招呼了，自己也深感納悶。後來仔細反思，當時可能遲疑著，彼此都還在混飯碗的賣命工作。這樣的狀態邂逅，或許有兩、三分鐘同窗相聚的快樂，但抱怨生活的瑣碎恐怕會更多吧。

我凝視著，那六、七人的背影逐漸遠去，消逝於燈光再也照不到的地方，一如謝幕。當下竟感傷著，或許這消失的最後一瞥，可能是彼此在校園青春歡樂的餘燼，勉強拖到現在。接下來，尋常人生的煩悶哀苦，柴米油鹽之類的生活打拚，正在前方等待。

可因同窗之誼，我比多數人更有機緣，及早目睹了偉忠戲劇表演和編導的才華。進入大學前夕，我們在成功嶺同一連受訓。結訓晚會那夜，每一班都要表演節目。偉忠扮演教育班長，帶領同期學員唱作俱佳。藉著活潑搞笑的手法，把大專兵受訓的甘苦，生動而盡情地呈現，卻也調皮地調侃了連上長官。

那一夜，一個才十八歲的青年，憑著個人的表演天分，把整個連隊搞得歡樂異常。紀律森嚴的軍旅彷彿陷入瘋狂的嘉年華會，牢固的威權瞬時也瓦解。我站在隊伍的後排，觀看著這位未來的同學，心頭一直困惑著，他是否讀錯系了。

在南海學園巧遇時，他已投身演藝圈工作好一陣，跟新聞媒體有些疏遠。當時，我不免有些反向質疑，扛著道具的他是否選對了職場。怎知沒幾年，他隨即以《連環泡》製作走紅，此後一路扶遙。台灣重要綜藝節目的發想和原創，諸多來自他的操刀。積累半甲子後，博得綜藝教父之尊自然實至名歸。

如是連著好幾個年代，我的同學在綜藝節目創造的歡樂，充分慰藉了這個火山不時併發，屢屢苦悶又驚恐的島嶼。我們的島很小，意識型態卻常不小心便二分。多數人的心靈常只有一半的快樂，或者更少。但他總在專業的表演領域，幫大家創造百分之八、九十的歡笑。現在回顧他這一橫空出世，貼近生活底層的幽默才華，到底是如何蘊釀的，早該是大學相關戲劇學程的課題。

三、四十年晃眼過去，我們也有不少重疊的藝文圈老友，但彼此的見面依舊很少。多數時候還是在同學的LINE群組裡，偶爾插科打諢。在這個閒話家常的場域，拉拉雜雜不足道的事特別多，可他幾未缺席。仍是我們熟識的那位常愛搞笑，耍嘴頭的同學。日常應對的留言，他總可以輕而易舉地拉升到詼諧層次。這一高妙的逗趣本領，我幾乎不曾在其他人身上看過。

無庸諱言，我們的群組也有政治意識型態之爭，甚而發生退出群組的鬥氣和爭吵。偉忠往往也是和事佬，短短幾句幹話式留言，調皮地以高難度的自嘲，損己樂友，化解許多緊繃的狀態。這一看似胡搞瞎鬧的火候，其實需要相當社會洗練的沈潛和智慧，還有包容他人異見的心胸。外人認知的，劇場裡以嚴厲出名的至尊，在我們的LINE裡，仍是同學百般疼喜的小老弟。

但我還是習慣冷觀。一個來自南部眷村的外省第二代，面對現今社會各種政治議題，偉忠明顯比我這個閩南鄉村成長的子弟辛苦。有時更微妙的，因為成長和背景，讓他不易像我這樣理直氣壯。恐怕得繞出好幾個層次思考，站在一個合宜的高度，才能更成熟而溫婉的表述。關於這一點，我隱隱感覺，他比更多人清楚，卻也怡然接受這個命定，進而轉化為對未來的某一責任。

閱讀《今周刊》的專欄，加上從同學LINE群組的交流。我深刻地感受，歷經長年的社會打滾，偉忠愈來愈遠離印象中，那位憑恃機伶和才華過人，獲得大家稱許的同學。在多年不斷掌聲裡，他確實還在努力摸索，試圖找到我們在家園裡可以取得共識的美好位置。但台灣似乎缺乏這個位置的成熟環境，而我更憂心，很可能，從來就沒有這個位置。

還好偉忠沒有放棄。繼續透過孫小毛，這位八〇年代中旬創造的布偶，在一齣齣黑色幽默的演繹中，一直在找這個位置。因而我篤信，笑看人生的他，對這塊土地自有其內斂的情感。那是從我的成長環境不能全然理解，卻需要學習和尊重的。一個溫暖而堅定的家園信念，他背負的恐怕比我還多。

理解如是，走到這個年紀，繼續打拚就不再只是為了自己，總是想要創造好一點的環境，多給年輕人豐厚的機會。這一期待恐怕也是吾輩想要實踐的，回饋這塊島嶼的重要共識，相信他也會樂意扛負。

我在晚年看到的同學背影，應該會佇立於這個基礎，繼續望遠的。

推薦序2／曾經遇過一位好老師　徐譽庭（編劇．導演）

我和大家一樣喜歡叫他偉忠哥，因為他又帥又風趣又滿肚子人生哲理，叫「哥」，比較有戀愛的感覺，尤其當他叫我ㄚ頭的時候，我一下子就回到了十九歲，四下宛如立刻響起了〈新不了情〉。

我始終覺得幸運的人生，絕對涵蓋了「曾經遇過一位好老師」這件事，而特別幸運的我，一路上遇見了好幾位：國中時被國文老師發掘文字的別緻，因此對於我的作文成績她給的特別嚴苛以激勵我；初初進入職場就遇見了李國修老師，讓我順利地步入了自己熱愛的戲劇圈，他從不直接教我劇本該怎麼寫、戲該怎麼導，只是一路把我帶在身邊耳濡目染；後來我又遇見了王小棣老師，總是以獅子的大器風範，帶著我們去做那些會讓自己驕傲的作品。

這一路，每個老師都以不同的風格，疼愛著我。

我很晚才認識這位老師，但我和大家一樣喜歡叫他偉忠哥，因為他又帥又風趣又滿肚子人生哲理，叫「哥」，比較有戀愛的感覺，尤其當他叫我丫頭的時候，我一下子就回到了十九歲，四下宛如立刻響起了〈新不了情〉。

在幫他寫《光陰的故事》劇本之前，其實我早已仰慕偉忠哥許久，我們全家都喜歡他，有一回我看著電視說，偉忠哥真帥，就是眼睛小了點，當下我媽、我兩個姊姊三個女人異口同聲的回我：「不小！剛剛好！」。我完全能感受到，他是我媽假想的兒子，姊姊們假想的弟弟，所以把偉忠哥當成親哥哥一樣的那種莫名親切感，真的不是我的專屬變態——岔題了，其實我要說的是，我始終期待著有一天能跟偉忠哥「合作」，也不知道哪來的自我良好感覺，但我確實就是靠著這樣的「可能」，一路往前，深信相逢就在前方。

終於，前方到達了——偉忠哥想為逐漸消逝的眷村情感作一齣戲，而我，偏偏就剛好是一個編劇，一個成長在眷村的編劇，一個口碑還不錯的編劇！所以、我要、和偉忠哥、碰面了！

碰面的前兩晚，我徹底失眠。

那段《光陰的故事》的合作期，我們每週都會去聽偉忠哥說故事，以吸收劇情的養分，如今回憶起那些下午依舊好迷人，不只故事迷人，連說帶演的偉忠哥更是迷人，還有故事結束時的「王式眉批」，更如同是我人生的偈語，後座力無窮。

譬如他說：「是個人才的，都有些難搞的怪毛病！」

他又說：「我們要合作的，是那個人的優點！」

光這兩句話，我至今不斷的在玩味、反芻，不論是看待自己或與人合作，於我，都長進了許多，而且仍然在長進。其他關於他坦承的那些男孩「長大」的心路歷程，也讓我對歷任前男友釋懷，也推動了我寫下第一本小說「馬子們」。他對生活的細膩觀察、立體陳述，總讓人在莞爾裡，感觸萬分！

其實我跟偉忠哥的密切緣分，不過就是那兩、三年的事，但我也不知道為什麼，生活裡發生了什麼精彩的事，就想跟他說一聲，他安慰或鼓勵我兩句，我就安心踏實，覺得什麼都不怕了。到底為什麼呢？為什麼我總覺得他是我大哥，而我親生哥哥是我的二哥？

你也這樣覺得嗎？你是用這樣的情感在叫他「偉忠哥」的嗎？

我是。

推薦序3 偉忠哥就像是我的父親…… 黑人（主持人）

他用他幽默的方式瞬間點醒我了，就跟他的專欄一樣，總是用幽默詼諧的方式看世界聊人生，用不帶髒字的文筆、調侃不公不義的人生百態……

從小對自己父親的印象其實很模糊，因為爸爸在華航服務期間，工作非常忙碌……像是在春節過年期間，只跟他吃過三次年夜飯：因為過年期間飛，空服員有加薪的機會……

所以從小就很少機會能夠跟爸爸聊天，後來在高中時爸爸在名古屋空難殉職！所以從小就沒有一個像父親一樣的角色可以聊天！

直到我腳受傷後，遇上了生命中最重要的貴人偉忠哥，他帶領我進入娛樂圈，讓我有機會能夠混口飯吃，還記得入行的那一天他跟我說：我們眷村吃飯多一副碗筷沒差，進入娛樂圈後要放下一切努力學習，他不保證能夠大富大貴，但跟著他絕對餓不死……這是他給我的第一次溫暖！

但那個時候我心裡面多少還是帶著一點點球星的光環，認為在娛樂圈只是暫時的，我跟偉忠哥說：「等到我腳復健告一段落，我還是想回到球場上繼續打球……」老爸用他不怒而威的瞇瞇眼跟我說：「你就像是一個從小立志進宮裡當太監的孩子，終於下定決心把寶貝割了準備進宮當太監，結果……隔天早上民國了！」

他用他幽默的方式瞬間點醒我了，就跟他的專欄一樣，總是用幽默詼諧的方式看世界、聊人生，用不帶髒字的文筆、調侃不公不義的人生百態……他的專欄甚至是改變了社會問題和公共設施，我在偉忠哥身上不僅僅學習到智慧及做人處事之道，更重要的是我得到了從小就空缺的父愛！

他是我的人生導師、我的標竿！

更是我的再造恩人！

沒有偉忠哥當年的哪副碗筷，我也沒機會進入娛樂圈，也不可能認識范范，更別說有機會建立現在的家庭和事業！

希望這本書能讓大家跟我一樣得到溫暖！

這種溫暖叫做……王偉忠！

老爸謝謝您給的一切！

PS：老爸您放心！兩個女兒不在您身邊的時候，我一定會幫您清理排泄物，推您去曬太陽看世界的！

就讓我盡一下孝道吧……

自序／半減卻

站在人生的這一端回頭看，我活得率性，努力做的多是自己感興趣的事業，而且同時斜槓進行許多種截然不同的挑戰。就算是個又老又醜的芒果核，還是希望每一處都能發揮、一絲一毫都能過得淋漓盡致。

每年過年，喜歡在家裡喝杯熱茶、翻看一整年的《今周刊》專欄文章，一篇一篇，像給讀者的告白、也像審視過去一年的成績單，每篇嘻笑怒罵的背後，有大事、有小事，都有故事。

想想從二〇〇七年九月開始寫專欄，至今持續超過十年。這段期間改變太大了，光是我家樓下的管理員就換了五任！而讀者閱讀習慣也大幅改變，據說網路時代不愛看密密麻麻的長篇文章，所以專欄篇幅從每週九百五十字，改為每二週出刊一回，版面只有七百五十字，反倒是插圖變大了。

過去曾經將專欄內容集結成《我是康樂股長》、《不機車、很推車》、《我很怕，但我還有GUTS》三書，但這五年、沒再出書。

最近時報出版來邀稿，我先把累積五年的專欄稿子傳給他們，請他們先看一看是否有意思、是否值得出版。

負責本書的編輯建偉是個年輕人，他說一口氣看了這五年，他發現我有些不一樣：首先，也許因為年紀，我身邊離開的好朋友多了，專欄裡常緬懷故人；再來，因為女兒離家，這段時間對於家人、對於親情的感觸也多了。

從編輯的觀點，他看到了我的轉變。聽完，我也捫心自問，這五年，到底哪裡不一樣？

最大的改變當然是兩個女兒長大成人，大女兒早就出國讀書、今年就業了；二女兒去年也去美國讀大學，我們夫妻正式進入空巢期，這些都是新體會。

而我自己也略有不同，兩年前進入六十歲，穿了一整年紅內褲避災、還刻意剪了個短髮，不只外在，內心更感受到面臨初老的身心變化。

心情上，我還是很願意做事情，還是當年那個任何事情都樂意舉手說：「這個我會、我來！」的小伙子，可是心態上比較「守」，知道很多事情不一定要我，倘若完成一件事情能夠帶給年輕一代機會，才有做的意義，不然寧可不做。

但我覺得這五年轉變最大的不是個人，而是環境。過去一直說網路時代來臨，但這五年，網路才真正撼動了一切，人在浪中、無法力抗，只能學習。

首先是電視環境，十年前製作《超級星光大道》，是個歌唱選秀節目，在電視台播出。十年後我們推出《聲林之王》，改在手機上透過App首播，看似類似的架構，其實已是不同的戰場。這個新的戰場沒有敵人，但處處皆是對手。這回，我們的競爭對手包括了Youtuber、新聞、戲劇、電影，甚至臉書，任何在網路上能吸取點擊的內容，都成為我們的對手。

而現在做節目，其實不是做節目，而是經營一個社群，靠這個社群的擴散來增加節目的影響力，這對電視製作來說是一個翻天覆地的改變，必須集合眾人的力量，從四面八方一起合作。這種大型節目製作流程龐大，已經沒有辦法靠一個人來指揮，每段交給不同的單位負責，更需要磨合與協調。

正是因為網路強大，我也開始學著怎麼跟網路世代相處。而我身邊的網路世代代表，就是女兒，要她們吃飯放下手機、簡直要她們的命，所以我也學著跟「已經不是小孩子」的她們共處。

最近我的人生夢魘真實出現。有天清早出門打球，放暑假的小女兒迎面走過來，我出門、她卻才剛回家。那一瞬間怒火中燒，但我沒說什麼，我希望她知道爸爸不是個隨便爆炸的憤怒「躁男」，這是歲月告訴我必須學會的課。

後來告訴她，發現她對「吃喝玩樂」有極高的天份，可以好好發揮，她以為我在繞個彎諷刺，我說不是，真心建議她好好發揮這份專長，因為吃喝玩樂的領域如果做得好，可以成為很大的事業。

有句話說，事業是「做自己有興趣的東西，又能賺錢」；職業則是「做自己沒興趣的東西，又能賺錢」，如果她能在吃喝玩樂界發揮專才做成事業，我當然全力支持！女兒認真想了一下告訴我：「可以考慮喔！」

其實，我不太有把握可以「教」女兒，或是「教」任何人什麼，因為時代改變太快了，前人說「認真做好一件事情就是成就」，但現在AI、自動化影響，很多行業消失，萬一努力的行業再也沒有存在必要，那怎麼辦？

站在人生的這一端回頭看，我活得率性，努力做的多是自己感興趣的事業，而且同時斜槓進行許多種截然不同的挑戰，就像顆土芒果，年輕時香甜豐潤又多汁，中年時，果肉吃光了，核還可以吸一吸、啃一啃，剩下的就丟了嗎？不，洗一洗、芒果核曬乾，核上還有些纖維，畫上嘴巴、眼睛，變成白鬍子老頭。就算是個又老又醜的芒果核，還是希望每一處都能發揮、一絲一毫都能過得淋漓盡致。

但如此淋漓盡致也有風險，一直只有第一人生，沒有第二人生作為退路，當這個芒果核再也榨不出汁來怎麼辦？後來發現，我可以開始學全新的事情，好比學騎馬，重新享受學習的快樂。

學習馬術兩年半，這段親近馬的過程，帶給我很多體會。

馬術英文是horsemanship，講究人馬合一，但馬，就是要跑；人，則要在馬背上保持平衡，還要懂得控制比自己龐大的馬做出慢步、快步、跑步的技巧組合，還要跑得優雅，因此馬術是技術、也是藝術。

馬術有個重要技巧叫「半減卻」，這是專門用來控制步伐轉換的過渡動作，好比快步時要接慢步、要先「半減卻」，才能無縫順利銜接下一個動作，此時絕不能粗暴猛拉韁繩讓馬步伐不順或暴衝。這時候握韁手感是關鍵，必須人馬皆感受到馬口韁繩似有若無的關連、絕不能衝動拉扯，讓馬感覺動作要換了，但動能不停，這就是「半減卻」。

人生也是如此，沒有人能夠用同樣速度一直往前衝，必須隨著年紀、隨著境遇來調整速度，好比努力了一輩子，到了七老八十，如果還用年輕氣盛的方式做事，一定會出問題！這時候也必須半減卻、轉換成另一種態度，才能跑得久、跑得遠、跑得快樂。

這本書，就是我在率性而為六十年之後，半減卻的一些心得報告，除了讓自己反省，也提供你做參考。

I

那些人、那些事

我們甚至來不及謝謝他

漫畫家帶給人快樂的養分，台灣卻未能提供他們更好的舞台。
天才漫畫家鄭問的殞落令人惋惜，每個人不也都和他一樣，
尋找著一份歸屬感。

上個月，漫畫家鄭問因心肌梗塞辭世，知道消息後錯愕、失落，一位天才漫畫家在台灣竟如此寂寞，我們甚至來不及謝謝他的傑出。

漫畫給我太多快樂養分，小時候我是個很吵的小孩，媽媽丟來一個黑板、一截粉筆，就能安靜畫整個下午；病了，媽借來幾本漫畫，內容全不相干，但我串成新故事。後來進電視圈，忙得要命還是每週畫漫畫，最近看到網友貼出三十年前我在《歡樂漫畫》裡畫的《孫小毛看天下》，感觸良多。

首度看到鄭問作品也是在《歡樂漫畫》，他連載《刺客列傳》，根本就是天書啊！那種石破天驚的感受記憶猶新，水墨寫意、男的俊、女的美，深深覺得台灣能出這種天才漫畫家，是台灣的驕傲！日後簽下同樣是水墨風格的漫畫家葉羽桐，也是想盡點力。

後來數度訪鄭問，他始終話不多。我總覺得他的圖若拆成一幅幅畫作，就是可以上拍賣場的大師級作品。不過也因為水墨難度太高，作品不多，起手無比精彩、後續則往往大筆一揮。後來到日本、到香港發展，都不算順利，漸漸淡出漫畫圈。沒想到人生最後也是大筆一揮，徒然留給讀者一片灰暗。而我們除了一紙總統褒揚令，沒能給他更好的舞台、更多的肯定與機會，是讀者的損失。

相信很多人都有鄭問這種找不到舞台的感受。像我媽，十五歲就跟著十九歲的老公來台灣，現在快九十了，最近問我有沒有人可以解夢，她常在夢裡找不到家，搞不清楚自己到底是在北京、在嘉義、還是在台北。聽了心疼。

每個人都想要有歸屬感、覺得自己有用，但沒有受到肯定怎麼辦？其實去大陸的這些退伍老將領又何嘗不是如此？為國家賣命一生，退休卻成為社會不公義的代表，想與同儕齊聚一堂，卻因時地不宜加倍尷尬。有人問他們發現不對勁怎麼不站起來就走？這……何不問問環保署長發現餐會端出魚翅卻吃下肚，是不是也有什麼難言之隱？有人立場尷尬，有人位置尷尬，我媽她們這群老外省媽媽找家找得尷尬。世局多愁，最近開始寫我媽他們的故事，改天說給你聽！

人人想當江振誠

米其林像是兩面刃，帶給主廚掌聲與光環，卻也帶來制約。瀟灑如江振誠，決定關掉曾摘下榮耀的新加坡餐廳，回台灣走一條自己的路。

最近，名廚江振誠宣布他將關掉在新加坡Restaurant ANDRÉ餐廳，退還米其林二星評價，他說，在這行三十年，接下來要回家重拾做菜的快樂。

江振誠是台灣孩子，近期很多台灣年輕人受他影響，開出一家家具備風味與美感的小店，成為街頭巷尾漂亮的風景。江振誠的RAW更精彩，以台灣人能負擔的價錢提供米其林美味（雖然他不喜歡這三個字），是他給家鄉的禮物。

可是米其林是兩面刃，帶給主廚榮耀，也用各種制約掐住他們的要害，江振誠勇於甩開制約走自己的路，接下來想在台灣、大陸傳承料理藝術給新生代。太瀟灑了！頓時人人想當江振誠。

有人說，藝術就是該不受制約，料理大師如此、藝術家如此、藝人也該如此。可是一旦擁抱群眾，掌聲與榮耀往往成為緊箍咒，即使是愛搞笑的喜劇演員也難逃折磨。羅賓威廉斯憂鬱症自殺、金凱瑞也憂鬱症纏身鮮少演出，理由很簡單，陌生人看到他們會上前說：「講個笑話來聽聽吧！」日日如此，能不心生恐懼嗎？

最近好萊塢爆發一串性醜聞，大製片家長期拿著奧斯卡獎當誘餌，要女藝人遵從潛規則。你以為只有女藝人有潛規則？不，我相信江振誠學藝很辛苦的時期，也面臨各式各樣的潛規則。即使在台灣，幕前有潛規則、幕後也有。某某能在這台做節目，某某不行，某家電視台最會抄襲與挖角！如果我把這些潛規則全都寫出來，保證嚇死你們。

有人天真提問，黨政軍不是退出媒體了嗎？不，黨政軍從來沒有退出過！在潛規則之下，你表現不好被開除，表現好打下江山，也會被開除，誰能逃離？不過話說現實，真想要像江振誠拒絕制約，也得先成為江振誠，才有話語權。

而且，現在連愛台灣都有潛規則，許多「不正確」，別想愛台灣，除非像那個老外，在額頭上刺青「台灣」兩個字，大家才沒話說。連岳飛都不行了，一、那是中國的故事、二、因為他刺在背上，看不到！

專注做好一件事

集中火力做好一件事情，
那就是透過現象帶起台灣的信心、帶出台灣的氣質，
讓台灣成為令人嚮往的品牌。

週日看張學友演唱會，跟他認識快三十年，很有話聊，他重情義，年年互發簡訊問候彼此家人。看完到後台跟他說：「做歌手來講，你下輩子不必再修了！」因為已經完美、頂尖、極致。

二十年前他已是歌神，拿下全球唱片年度銷售量第二的紀錄；五十五歲的張學友更厲害，先花好幾年健身、練唱、學跳舞，甚至不接歌唱節目的評審，專注只做演唱會，果然端出讓人驚嘆膜拜的成果。

只是娛樂產業眼看就要進入僵局，因為華人市場上還有號召力的台港天王、天后，全靠以前累積，像張學友、像李宗盛……！未來新生代裡，還找不出誰能挑起大樑。而且產值最大的大陸市場已經發展出自己的文化、言語與表達方式，早已不是靠「順便」，就能夠攻下的山頭。

以台灣電影為例，陳玉勳是個好導演，《健忘村》當然想兼顧兩岸票房，看得出其中糾結。但若要拍鄉野傳奇，大陸市場有他們的長處，我們占不到便宜，況且資源有限，想清楚該怎麼走，是大家的課題！

台灣本地市場並不複雜，電影就靠豬哥亮、演唱會就靠五月天、廣告就靠吳念真。但想走出去，與其幻想票房，建議不如想想怎麼增加「影響力」。

像近年在對岸廣受歡迎的「驚喜合唱」快閃、「看見台灣」、「簡單生活節」等，都屬於造成潮流的「現象級」作品，這些創意作品都讓台灣成為令人嚮往的地方，這就是影響力。

可是商人當然想賺錢，怎麼可能投資「影響力」？因此更需政府、媒體的遠見，集中火力做好一件事情，那就是透過現象帶起台灣的信心、帶出台灣的氣質，讓台灣成為令人嚮往的品牌。

因此，與其亂槍打鳥式的放煙火，各縣市一放再放，只會污染空氣，不如集中在一○一，成為國際焦點（天龍國就天龍國吧）。但別誤會，我不是拐彎批評花媽市長陳菊，像臉書上的網友孫老毛所言，陳菊的態度、形象在台灣太有市場，說她……就像批評自己的媽，媽媽親自下廚，孩子敢說油煙太大嗎？

—陽光、空氣、水—

那個時代，真是個活潑的年代，
就像陽光、空氣、水，帶給我輩許多溫暖、許多養分，
而且讓出極大空間，供我們拓展諸多可能。

那天，霧煙裊裊，月台長凳上有人攜箱入座，一慈祥長者回頭一望，「喲！孫老越！咱一班車！」「哈哈！老汪！」孫叔用他獨特嗓音唱起：「無敵鐵金剛！無敵鐵金剛！」……

日前參加華視汪石泉編審的告別式，他替《無敵鐵金剛》、《小甜甜》、《小天使》等卡通歌譜曲，軍魂與童心並存。坐在後方的巴戈拍拍我，悄聲說：「孫越走了！」兩位我很喜愛的前輩相繼離開，好多回憶湧上心頭，半晌說不出話。

孫越與汪石泉都是軍人出身，卻從不嚴肅。汪編審的公子致詞時說，爸爸常提起王偉忠，聞言淚流不止，我都喊他「汪爸爸」，他樂於提攜新人，二十多歲時我們的劇本譏諷時事、常踩紅線，捅了各種麻煩，他還是願意給年輕人機會。

孫越則包容我的沒大沒小，有時喊他孫大哥、有時喊他孫叔叔，他全回以「呵呵」招牌笑容。這兩位老先生眼神總帶和煦笑意，隨時準備伸出暖暖的掌心、拉人一把。成長路上若沒有他們的賞識與包容，哪會有新生代任性衝撞的空間！

告別式的最後，眾人起身合唱汪爸爸寫的《無敵鐵金剛》送別，只是一人一個調，汪爸爸肯定會「噗哧」笑出來。這天晚上，決定走路回家，邊走邊想念孫叔叔，哼起他的《小人物狂想曲》，「我是一個小人物，穿著破鞋和舊褲……。」

那個時代，真是個活潑的年代，歌裡有令人開心的力量。汪編審、孫越、陶大偉等前輩就像陽光、空氣、水，帶給我輩許多溫暖、許多養分，而且讓出極大空間，供我們拓展諸多可能。唯一的回報，就是把他們手中傳過來的活潑、滋養與溫度，繼續傳遞下去。

……車子漸漸離開月台，二老容顏已成少年郎，白色粗棉上衣、卡其褲，仍互相促狹談笑，忽然一人眼看窗外，「還記得那年從基隆下船的時候嗎？」「哈哈！當然記得，那時好年輕呀！」……他們回家了！

心甘情願

世間能如侯孝賢導演一路走來心甘情願的人，應該不多，特別是知道扛的是重責大任後，仍義無反顧的人，就更加令人感佩了。

週末金馬獎頒獎，侯孝賢導演上台領獎時說：「拍電影這麼久，整個過程，只有一個念頭，心甘情願。」

當導演是個苦差事，一部片拍完，成了，大導演；敗了，爛導演，壓力都集於導演一身，不會有人罵製片、出資人、宣傳，點點滴滴必須自己面對。像侯導這次拍《刺客聶隱娘》，十年磨一劍，好評惡評都要承擔，票房好不好、能不能得獎，不可能不在意。但侯導是幸福的，快七十歲，還在電影路上堅持走自己的路，而且一個目標走到底，走得心甘情願，令人感佩，同時也是非常大的福分。

像我（舉自己為例與侯導相比，什麼東西呀！），從小喜歡喜劇，知道自己會演、會畫、會編、會說、也愛演、愛編、愛畫、愛說，但沒什麼機緣如此，為養家活口、必須管許多閒事。有時覺得我輩是宋家三姊妹的總和，愛錢、愛權、又愛國，什麼都愛，結果往往無法心甘情願。

但世間真能心甘情願的人，應該不多。

像最近在上海看舞台劇《戰馬》，這是由英國舞台劇的原班團隊進入大陸訓練當地演員的演出，中央戲劇學院的四位年輕學生分別以操偶的方式飾演馬頭、馬身、馬尾，花了許多功夫學習如何當馬，而且四人同步呼吸、喘息，真是栩栩如生。我曾靠近戰馬想撫撫鬃毛，馬兒立刻別過頭，敏感一如真馬！真是演什麼像什麼。

問他們從馬的身上學到什麼？四個年輕人回：「簡單！」演馬之後，也像馬一樣安靜、沉潛，連話都少了。

馬兒生性敏感又膽小，上了戰場卻能跟著領頭馬衝鋒陷陣，從不知辛苦為何物，心無旁騖只看著前方衝刺，不會瞻前顧後，這就是戰馬精神。

這種專注，就像心甘情願，很難。試問多少人能如此？就像這次各政黨的不分區名單開出來，列名者不知有多少人真正心甘情願為民服務，真正知道自己的職責與國家處境、真正明白我們面臨內政外交的危機，明白之後還願扛起責任，即使面臨網民抹紅、抹黑也義無反顧、勇往直前。如果不是心甘情願，想必會做得異常痛苦；但若是另有圖謀，那就是另一個故事了。

一直想學騎馬，除了心中有個約翰韋恩的牛仔夢，也覺得馬很有意思，眼睛長在兩側，是防守型動物，不像人類、獅子老虎這類「猛獸」可以炯炯盯著獵物。但馬卻又有很高的服從性，再危險的地方也敢去，既膽小又勇敢。只是這心願一說二十年，當年想騎的小馬，早成識途老馬；當年想騎馬的小王，變成光說不練的老王！

最後一堂火鳥課

高凌風在病榻上說，他一定會逃，
因為他一進社會就是藝人，不可能最後躺著化療、
這也不能吃那也不能吃，沒法這樣過日子。

本週似乎該談談高凌風。在六、七年級眼中，他是個很會製造新聞話題的老頭，但他對四、五年級生的意義不同，倒不是說他歌唱得多好、舞跳得多好、造型有多特殊，在我心中，他就是獨一無二。

高凌風是我文化學長，三十三年前認識他時，他正主持全國唯一的外景歌唱節目《陽光、綠野、攝影棚》，表演風格很怪。大家是節目的無名小助理，每次錄影結束，他帶大家去當紅的韓國餐廳「稻香村」吃飯，他愛請客，對人很好，不管助理有名

無名，全買單，很有人情味又大方。只是現在媒體人情漸少、八卦居多，翻開報紙看不到他是什麼樣的「人」，只看到與前妻糾纏不斷。

我從他身邊的節目小助理做到製作人，看著他一生星海浮沈，全因個性使然。像他為了前妻文潔衝冠一怒、離開華視《鑽石舞台》出國多年，再回來聲勢大不如前。後來他在我的節目《搞笑very much》、《全民最大黨》模仿行政院長張俊雄、星雲大師再度走紅。我們為了倪敏然的過世產生不快，他離開節目，後來不但冰釋誤會，他還成為我主持的《我們一家訪問人》首集來賓。當時他與小金婚姻問題剛剛浮現，我力勸他別跟著媒體起舞，但他骨子裡是百分之百的藝人，堅信無論如何，「藝人不能沒有新聞」。

二〇一二年底，他身體不舒服時，我曾去榮總看他，那時他已知是血癌、但封鎖消息。我們像《最後14堂星期二的課》，一談兩個半小時，論多年體會與心情轉折，非常誠懇。高凌風在病榻上說，他一定會逃，因為他一進社會就是藝人，不可能最後躺著化療、這也不能吃那也不能吃，沒法這樣過日子。他說：「我死也要死在舞台上！」我沒勸他要好好活著什麼，想起這些年跟很多想進圈子的年輕人懇談，我都告訴他們這條路太苦，可是如果不站在舞台上就會死，那就去吧！

這位先生，他一輩子靠著舞台、閃光燈、新聞活下來，但命運弄人，一生陰錯陽差。三月的演唱會眼看就要舉行了，卻不能如願。想成為最紅巨星，一九八七年底〈冬天裡的一把火〉便上過大陸春晚、極轟動，演唱人卻是費翔，大陸觀眾依舊不識高凌風。爆紅美夢由旁人幫他完成，八卦取代了他的事業成就。

這樣一個不肯接受命運擺佈的人，從踏入圈子第一天就不肯規規矩矩、受人安排，直到生命盡頭形容枯槁，還是新聞不斷。他就是冬天裡的一把火，什麼都要燒得乾乾淨淨。

週一晚上招待朋友唱歌時接到電話，知道他走了。生平第一次點唱高凌風的歌，他的歌很怪，有點流行卻又有點土。我想，應該有人幫他完成他的演唱會，因為他代表一個時代，像鳳飛飛、像鄧麗君，誰都無法取代。

可我就是喜歡他

他，讓台灣男性有了耍寶的一面，
更跳脫明星必當模範生的思惟。一生星海浮沉，
豬哥亮就是有股魅力吸引觀眾，堪稱是一種文化現象。

一代喜劇泰斗豬哥亮過世，報紙標題寫「一代笑匠，讓世人哭了」，豬哥亮自然有其地位，至於是不是「讓世人哭了」，因時、因地而異。

男人分為很多類型，自古北方男人講究血性漢子，整天演射雕英雄；江南則多小男人，入得廚房，照顧家庭，可是外人看他孬；但若要打仗，還是廣東、湖北、湖南比較厲害，戰功彪炳，只是後來還得靠蒙古軍！因此不同地區，欣賞男人的眼光不同。好比喜歡馬英九的，就跟喜歡阿扁的不一樣，與整體文化有關。

而豬哥亮，也是種文化現象。他是家裡好笑的弟弟或是舅舅，有點好色、講話太好笑，台灣男人普遍嚴肅，難得有個男人可以耍寶，因此不只男性喜歡他，女性觀眾也喜歡他。

七〇、八〇年代，電視藝人高高在上、是殿堂型的明星，講話四平八穩、注重儀態。但上秀場表演，主持人豬哥亮負責「解構」他們，越帥越美、他越要奚落，明星越囧、觀眾越過癮，這也是一種挑戰權威。說到底，娛樂真要與政治作對，帶著反骨，才好看。

後來，豬哥亮成為電視主持人，成為主流，也象徵時代變化，明星不必再當模範生，未必需要贏得尊敬，能贏得喜愛就夠。就像豬哥亮愛賭、欠下龐大賭債，若是父兄如此，全家頭痛；老公如此，一生辛苦！但對觀眾來說，無論發生什麼事情，我們就是喜歡他。

這也像阿扁，窮孩子出身，不管他做任何事情，支持者就是喜歡他，覺得他一路受人欺負。這種印象就像豬哥亮的頭髮，已經成為標誌。民主素養呢？民主應該是支持理念，即使不喜歡這個人，也能投票支持他。就像請個駕駛先生，不見得要會講笑話、會聊天，只要開車技術好、安全就好！

至於哪種男人最好？Google了「可愛男人形象」，有一定義為：「貪財有道、好色有品、博學有識、讀書有癮、喝酒有量、玩笑有度；經得住誘惑，耐得住寂寞，沒事不惹事，遇事不怕事，在外頂天立地，在家挨打受氣。」我看了一下，天下真有這種男人，就是我！我他媽的真愛死自己了！

相聲與人生

相聲是庶民把式，表面說自家小事，內在是高級幽默諷刺，
是小民對付權威壓力的舒脫。現在直播主太年輕，
沒能接觸相聲的口語魅力，開口就是快速直球，爽歸爽，味道卻沒有了。

最近，相聲大師吳兆南以九十三歲高壽過世，對四九年過來的第一代、第二代來說，相聲真是精神食糧，思鄉時聽一聽，能安慰異地遊子心。狂風暴雨聲中，一家人圍著乾電池收音機聽「吳兆南、魏龍豪，上台一鞠躬。」度過多少颱風夜！我爸過世那陣子，媽媽晚上輾轉反側，但聽聽相聲，像是得到了安慰，終於緩緩入眠。

相聲是庶民把式，綜合了說學逗唱、戲曲、歇後語的語言藝術，但絕不講肚臍下三寸（開黃腔）、罵人不帶髒字。表面上說自家人小事，內在是高級幽默諷刺，像深

巷中傳來的酸味，也是小民對付權威壓力、世態炎涼的一種舒脫。

好比我最喜歡的「關公戰秦瓊」，講軍閥找倆名角來唱戲，軍閥喜歡關公、也愛秦瓊，無知下令兩人對戰，兩演員只好上場硬打，秦瓊悲憤唱道：「我本唐朝一名將，不知為何打漢朝？」關羽回：「叫你打來你就打，你要不打～他不管飯！」兩人又唱又演，精彩萬分，至今想起還會發笑。

而吳兆南、魏龍豪的口語趣味，捧哏、逗哏的結構，深深影響台灣綜藝主持人的說話節奏，像陶大偉、孫越、胡瓜、鄭進一、澎恰恰、郭子乾……皆是如此。可惜現在直播主們太年輕，沒能接觸到相聲的口語魅力，開口就是快速直球的罵人，爽歸爽，可就不雅了！

現在的選舉，如果讓兩位大師做段子，應是這樣。

「吳兆南、魏龍豪，上台一鞠躬。」「您的臉色怎麼泛黑？」「都我舅媽，三天兩頭問東問西！」「您舅媽又懷上啦！」「她都幾歲了！您不缺德嗎？」「那她問什麼？」「不知道該選誰！」「喔！地方選舉，您舅媽住哪？」「住高雄！」「難怪，戰況激烈！」

「舅媽說，一方反併吞、一方拼經濟，怎麼選？」「地方選舉跟反併吞有什麼關係？」「是啊！我也這麼說！」「那後來呢？」「她投給吳龍南！」「誰啊？」「十二樓A的！」「這到底選什麼？」「選他們大樓管委會的主委！」「您別挨罵了！」「吳兆南、魏龍豪下台一鞠躬！」

夙人遠矣，謝謝你們！

—是大師，也是常人—

李敖是我們南部小孩心目中了不起的大人物，
而其實，大師們也都是常人。就像胡因夢談李敖時說
「在同居者的眼中，既沒有偉人，也沒有美人。」

人往往因各種原因喜歡親近大師。日前到台中霧峰亞洲美術館看趙無極畫展，展出的第一幅作品是他年輕時嚮往西方油畫所繪的靜物。赴巴黎後，內容上漸漸回歸中國情懷，畫出甲骨文系列與使用大量紅黑的狂草系列，聲名大噪！後段時期經歷第一任太太離異、第二任太太自殺的打擊，作品情緒四飛還帶煙硝味。但過世前最後一幅作品卻絢麗開朗，綠得宛如一池浮萍，清澈看透人情世事。身為大師，情感波動其實與常人並無差別。

台北誠品常玉畫展的策展人親近大師的方法超乎想像，她手中有某畫、旁人認為是仿作，她花三十年到法國走訪常玉的鄰居、朋友們，交朋友也追真相，終於在一張老照片中看到常玉畫室裡擺的正是這幅畫！宛如見到失散多年親人一樣激動，對她來說，常玉早已不是「他人」。

李敖也是大師，是我們南部小孩心目中了不起的大人物，後來真正認識他，發現他態度謙和，更為景仰。模仿秀時由唐從聖模仿李敖，我們找他拜碼頭。《康熙來了》首集播出，更邀他當嘉賓，彼此互動熱絡。沒想到後來也因《康熙》，讓我們與李大師打起官司。

其實，大師們也都是常人，就像胡因夢談李敖時說：「在同居者的眼中，既沒有偉人，也沒有美人。」一進入官司，再大師、也大師不了，我們只淺薄嘗到他的喜怒哀樂，仍覺烈燄灼身。

只是有的大師命好，像趙無極，在世時就受人肯定；有的運氣差，如常玉、梵谷，過世才顯光芒。至於李敖，他算不算好命，我真不知道，但確實生對時代，在戒嚴時期挑戰權威出書遭禁，結果大暢銷；身陷囹圄失去自由，卻也榮譽加身地位崇高！至於他喜歡跟認識的朋友打官司，到底是不是藉掌控別人的自由來成全他的自由主義？就不得而知。不過，一切恩怨都隨著大師過世雲淡風輕，但意外、也不意外的是，終於有人「敢」對他有所褒貶了！

「老虎回來了」

高球傳奇老虎伍茲，他走過低谷，又再重新奪冠，

一生驚濤駭浪。之於我輩，他是激勵人心的存在，

不管如何跌宕起伏，只要肯認真，終有再起之日。

半夜，我們一群老友在手機上密集傳訊，大家都年過半百、歷經滄桑，提心吊膽的看著另一個男人的命運將會走向何方。這個男人就是老虎伍茲。

伍茲兩歲開始打球、二十歲成為職業選手，接著他打進白人為主的高球圈，當了好久的世界第一。太多人因他開始看高爾夫，NIKE簽下他時還說：「伍茲之於高爾夫，如同麥可．喬丹之於籃球！」

但在醜聞、婚變後，老虎伍茲進入人生谷底，整整五年再也沒有機會在果嶺上振臂歡呼，很多球迷不忍看他因背傷打得荒腔走板，索性連球都不想看了。

就在這天，在亞特蘭大東湖球場的PGA巡迴賽上，四十二歲的老虎再度領先群倫，全球球迷血壓飆高，會是今天嗎？他真的可以重返榮耀嗎？

同組對手是比他小十五歲的麥克羅伊，自小是他的球迷。高爾夫球是個技巧極度細膩的運動，若無法控制心理壓力，會左右表現，倘若同組選手打得好，一急、壓力更大！我跟朋友連線討論麥克羅伊在這節骨眼會不會考慮放點水……如果能讓自己的童年偶像東山再起……你看，他這球大刀一揮就出去了，肯定放……另個朋友說，年輕人哪裡會想這麼多！不可能啦！

七嘴八舌中，台北的天空漸漸亮了。我們靜靜看著這個男人……居然打進沙坑！幸好打出來了，我們頭皮發麻地看著他打完最後一桿，終於振臂，他不像過去激烈虎吼，而是微微的、眼眶帶著淚水的舉臂、奪冠。終於啊！我們的老虎回來了。

〇九年他出事時，曾在專欄裡談過他，那時就堅信他有朝一日會重返球場，無堅不摧。但也預言到時會有更多俗豔野花想找他……。現在他回來了，相信再度拿在手上的冠軍盃，對他的意義大不同。沒失戀過，怎知愛情的美好；沒失敗過，又怎知珍惜的滋味！

對我們這些中（老）年人來說，伍茲實在激勵人心，過去就過去了，只要還肯做人做事、還沒放棄，老天總會還你的。上天的醒世規則向來不多，看著伍茲的跌宕起伏，顯已足夠。

—馬總統的卸任演說—

美國總統歐巴馬任內最後一場記者晚宴演說幽默又爆笑，台灣新舊政府交接在即，如果台灣社會與媒體也有如美國人的雅量，或許馬總統的卸任演說會有很不同的內容。

早上看完歐巴馬在總統任內最後一次白宮記者晚宴的告別演說，其實是個爆笑吐槽大會，晚上夢到馬總統也發表了卸任演說，特別記下與讀者分享。

「謝謝工作同仁挑選蔡依林的〈我呸〉做為進場音樂，不過，英九提醒過大家好幾次，有些心聲不適合在公眾面前吐露。

今天是我擔任中華民國總統八年的最後一天。這八年改變很大，像國內新聞台全部轉成交通電視台，每小時播八則行車糾紛，看來我們國人最關心的不是政治，也不是經濟，而是誰翻車了。

回歸正題，八年來點點滴滴，感恩在心。首先，要感謝國民黨的黨內同志非常團結、毀黨不倦，讓我成為史上民調最低的總統。

外界傳言國民黨內鬥內行，身為黨齡四十八年的資深黨員，我確實學不會，連剛入黨的小老弟楊偉中功力都比我深厚，不擔任國民黨發言人後立刻對黨內掃射。這也呼應蔡正元兄所言，國民黨的溫、良、恭、儉、讓已經過時，希望乖乖牌到我為止，至於接下來要找誰？不如問問王院長意見，他最公道（面露陰笑）！

對於未來，當然要祝福蔡英文總統在美豬、油電雙漲、兩岸政策幾個髮夾彎上都能平平穩穩、順順利利，千萬別翻車。

至於我的退休生活，許多政治人物出書寫回憶錄，實在老氣，我才不出書、要出就出寫真集！請蔡總統的隨身攝影師拍個夠，書名就叫《蛋蛋、蛋蛋、再蛋蛋》。

此外，我要狂吃五百塊便當、買新泳褲，並且幫小女兒辦場公開的婚禮。

有人預言我背了一百多個案子，等一一過關之後，我會開個民意調查公司，畢竟我對民調真的很有經驗；再開家動物安樂死公司，重病寵物只要跟我握手，就能得安息；再有時間，就去太平島開家民宿。

至於美青在我退休後的動態，很抱歉，我也不敢多問，因為她看我不順眼已經不只八年！

最後，要謝謝我的副總統吳敦義先生，感謝他一直以來……沒有在半夜打電話給記者『嘿嘿嘿』……」

假如小英是我同學

一次劇團的首演，收到署名為蔡英文致贈的花籃，當下頗為意外。

後來知道原來小英總統與我都是「一甲子俱樂部」，

若我們念同班，應該是這樣……。

去年全民大劇團《同學會》首演當天收到一對花籃，署名蔡英文，我與團長念祖當然感謝，但我們都算「老藍男」，想破頭也不知何種機緣讓小英注意到我們。最近看新聞發現小英總統與跟我同樣六十，屬「一甲子俱樂部」同學，原來是同學送同學，謝啦！

假如小英是我同學，她必定從小就很安靜、功課好，而且家境特別好，因為當年只有她開車上學。好在個性不是嬌嬌女，一直沒看她跟誰特別好、也沒跟誰特別不好，像一杯不熱不冷的水，沒什麼溫度。

同學們選班長時，不欣賞太強勢男生或太愛哭的女生，也不放心把班級交給我這種臭屁臭屁的眷村小孩（我們頂多當當康樂或風紀），便選她當班長。她開班會時講話很能激勵人心，「我要做個令人信任的班長，讓同學放心把未來交給我！」乍聽似乎有重點，可總是雲霧繚繞。當同學間出現不同意見，她說：「如果班長聽不到，你們可以拍桌子！」等大家都拍桌，她又說：「有人說會吵就有糖吃，但吵不是重點、班長有沒有在聽才是重點！」一提到她不想談的問題，她就說：「下一題！」好在班上除了聯誼，沒什麼重要議題。

這位走路習慣前傾、還有點小駝背的同學因出國讀書失聯，後來發現她居然是國民黨的政務官！又變成民進黨主席，還一路選上總統，大抵還是因為太左不好、太右也不好，沒有溫度的小英最好。

今年我們開同學會，她百忙中抽空來，雖遲到但沒人介意。餐桌上不提政治，專聊風花雪月，我提到老婆這輩子首度要求要看韓國片，於是陪她去搭「屍速列車」，看到車上殭屍張口狂咬，立刻聯想到電視名嘴的嘴臉，任何議題不辨真偽，一律表情猙獰、張口亂咬，而且名嘴口水有毒，透過電視傳給觀眾，觀眾立即感染跟著咬成一團。說到這裡，我好奇問小英，如果台灣高鐵上出現殭屍怎麼辦？

這次她沒說「下一題」，她說：「這件事需要社會有一定的共識，而且要有完整的配套及過渡。」我說，處理高鐵殭屍也需要全民共識？小英同學說：「這與廢死有關，我會交給副班長，請他負責！」

川普化的世界

破產數次、大起大落的川普上台，
形同向世界宣告：溫和派已經退流行。
戲劇化成為常態，越激烈越有市場……。

最近聚會話題圍繞川普，在各界專家發表意見後，有人問我怎麼看，我說：「我是個製作人，便從製作人角度看。」川普是個跋扈老闆，要選主持人，一定找他，因為有他就有衝突、就有戲。但若要選總統，鐵定不選他，太戲劇化了。

各行各業都有自己的看人之道，也有應對之道。像前幾天看電影《薩利機長》，主角機長性格正派，開飛機迫降在哈德遜河上，救了一百多條性命，保險公司卻質疑應可降落在機場，因此由官方召開聽證會。這樣一位英雄從容面對各方逼問，經過交叉攻防，證明他確實沒錯。

只是，美國總統選舉結果告訴我們溫和派已經退流行。一個六次破產、大起大落的人上台，會讓戲劇化成為常態，並擴及全球。因為戲如人生，川普的個性不可能在穩定中求發展，而且他是標準藝人個性，需要掌聲。因此我說，既然我們知道他的個性，就知道該怎麼處理，只是擔心小英太溫吞、不懂怎麼跟川普相處。

像川普這麼戲劇化的人，往往聽不進別人意見，尤其是批評，無奈台灣也往這條路上走。像成龍，他是台灣女婿也喜歡台灣，還得到奧斯卡終身成就獎，多年前一句「天大的笑話」，讓他在台灣不受歡迎，連送來十二生肖都慘遭故宮梟首，這真是民主嗎？現在張忠謀也出面說台灣的產業環境排斥人才，未來怎麼辦？

最近許多爭議話題不斷，有心人士把問題簡化成道德綁架，反年金改革就是不給年輕人機會，結果造成世代對立。還記得小英總統上台時說：「謙卑謙卑再謙卑」，但現在發現文青也退流行，越激烈越有市場，結果成了「雞飛狗跳再狗跳」。

不過川普有一點不錯，他邀兩任前妻出席就職典禮，證明做人有一套。但我老婆看了說，川普肯定不是個好老公，因為看他太太的臉，就知道她不快樂。你看，每個人看人都有自己一套！

II

生命最重要的事

老黃與老王

統派老王和獨派老黃，當年一樣沒錢，說穿了都是難民，卻聯手蓋起遮風避雨的家，但當統獨變成我們與下代人無法迴避的選擇題，未來還能同心協力一起蓋屋？

最近發生「素珠之亂」，一婦人嗆老兵是難民、還將影片貼上網路，引發眾人譴責。很多人都問我的意見，身為老兵之子，想聊聊老黃與老王的故事。

老黃是個老木匠，老王是我爸，老黃喊我爸「王仔」，我爸喊他「黃仔」。嘉義在二二八時確實死傷嚴重，導致某些本省人不願跟外省人打交道，但老黃沒這想法，我爸也沒這區別，村裡無論那個房子要修，爸都叫老黃，他一手抱捆木材、一肩揹個帆布工具袋，穿件吊嘎、叼根煙出現了。

眷村興建時物力維艱，家家戶戶地不平是常態，老黃年紀大、眼不好，他的木工也像這些房子，從沒精準過，但我們都期待他出現。木匠施工過程好看，刨出來的木屑香令人心曠神怡，修一修、整一整，原本殘破就補好了。只是大掃除時怎麼使勁都拆不了老黃做的窗，非要爸爸出馬，左邊一敲、右邊一推方能卸下，彷彿這些窗會認人，除了老黃、就認老王。

每次施工結束，爸問他：「挖擠？」（多少錢？）老黃回：「青菜！」（隨便！）我爸說：「毋倘青菜！」（不能隨便！）非要他開價。這就是老黃，他知道我爸、還有村裡其他家庭都跟他一樣沒錢，說穿了都是難民，互相幫忙不計較，就這樣蓋起讓我們遮風避雨一輩子的家。

爸爸靠著他那「牡羊座式台語」青菜青菜交了許多本省朋友。反倒我曾因棒球隊同學說我是「毋成囝」而打了起來，至今仍抓不準他這句「毋成囝」，到底是罵我不成材？還是肯定我的球技，把我當「三八兄弟」的親暱？

時至今日，地歪窗斜的眷村早拆光，只是夢裡的家還是那間矮屋。曾經嚴重分歧的省籍意識，現在只有遇到政客和狂客才會出現，但統獨仍是我們與下一代人無法迴避的選擇題，假使統派老王遇上獨派老黃，還能同心協力共蓋一屋？能不能繼續「青菜青菜」不計較？可就不得而知了。

一筆糊塗帳

父親昔日隨軍轉進台灣，設法帶了親眷；
透過新增規則考取下士，配給到了眷舍。
假如父親在世又是村長，搞不好在另一個平行世界裡，
我們真成了軍宅大戶箭靶子。

剛剛撥電話給媽：「媽，你看新聞沒？這軍宅是怎麼回事？」媽說：「裡面本來就很多問題，如果一切真按規定來，當年爸爸一個小兵，怎麼可能帶著老媽，又帶著老婆來台灣！」

爸媽來台灣的那個年代，連電線桿都上了編號等著搬回大陸繼續用，阿兵哥不能帶眷，上級還規定不許在台灣娶妻，娶了，不回大陸啦？更不許買房，買了，不回大

陸啦？於是很多老兵終身孤單。

至於我爸，一路忽悠，不僅讓老媽、老婆上了船，還想方設法讓兩女眷在台灣落腳。他一個小兵，根本沒有眷糧，奶奶跟媽媽實際上是連口飯都吃不上。但他找到個老士官長，願將眷糧票挪一兩張給我們，借住在旁人家裡。在那一團亂的年代裡，原本沒我們這一代、沒我們這個村，就這麼忽悠出一條全新規則，小兵透過考試升下士，就能配個眷舍！爸爸半買半送考上了，我們一家才有個屋簷遮風，但他一生也只升到中士。

幾十年過去，政府說來處理吧！要搬要拆得有補償機制，畢竟原本從高志航遺眷家搬來村裡的小榕樹，都長成大樹了。但每家情況不同，有的願付低利貸款換新屋、有的願住養老院、有的想等五年後增值再賣，所謂有土斯有財、有財必定鬧！只是我們都搞不清楚那些應該退回國防部的屋子，到底下落何方……。

媽說：「很多事情也不能怪國民黨，帶那麼多人來台灣，負擔這麼大，很多事很難釐清。」這位老太太還說：「就是一筆糊塗帳！」所以她也從不提。

二〇〇五年看著老家拆除，花五十六年蓋起一個家，拆掉，卻只需三天。住進新大樓後，我家門口還貼著老家門牌，媽說：「這是我們的『起家厝』，不能賣。」問媽：「誰家要住、誰家要走，她都清楚，怎麼沒想過付個十戶權利金，不也立刻變地主發點橫財！」媽說：「她一輩子隨著命走，想都沒想過！」我又追問：「若爸還在世又是村長，他那麼聰明，會不會……？」媽說：「這真的很難說……搞不好在另一個平行世界裡，我們真成了軍宅大戶箭靶子！」

對了，拆房那年，我還花了十萬把高志航大榕樹移到新社區裡，讓媽媽與老鄰居可以在同一株樹底下聊電視劇。只是錢花了，迄今大樹就跟那些退掉的軍宅一樣，不知下落何方……又是一筆糊塗帳！至於所謂的「高級外省人」郭冠英近來在電視上「瞎說」，我老母又有一番見解，她說：「人急懸樑，狗急跳牆，兔子急了會咬鷹，老羊發怒也拼命。任何人和族群到底了，會鬧的！」誰有江山誰就煩惱，老媽有智慧！

——人生找平衡——

印度的貧富懸殊，讓隔著一面牆就彷彿是兩個不同的世界；
新與舊未必是對立的選擇，有時只要位子對了，
就可以找到它們的價值。

一直很想去印度，除了心儀古老文明，還想滿足冒險、拓荒的慾望。但家有妻小，老婆每次都說希望花錢得到好的服務，不想受苦，好在老婆的姊妹淘多年前嫁給印度人，印度老公從小生意經營成功，在他們的吆喝下，她終於點頭，上周趁著中秋節與颱風假（我早知道會有颱風假！），一償宿願。

印度在朝陽與夕陽下最美，火紅太陽與磚紅色的老城相互輝映，莊嚴、偉岸，美到難以置信。這裡貧富懸殊，旅館的牆內是另一天地，英國殖民留下了良好的服務文

化；牆外則髒亂到難以解釋，我有點臉紅地覺得自己變成殖民主義的一員。但印度人不焦慮，眼神中的善良同樣令人難忘。

這次造訪北部金三角德里、阿格拉、齋浦爾，看了兩座美麗墓園，一是泰姬瑪哈陵，國王蓋給他第三任皇后，完工不久，老爸就讓兒子給篡位了；另一座位於德里的小瑪哈陵則是王后送給國王的陵墓，裡面還有幾個孩子的位置。說明男人眼裡只有小三、女人則心繫整個家族?!

回到台灣，剛好遇上吳宗憲「巧婦難為無米之炊」的事件。身為資深製作人，我很鼓勵年輕人多做節目，他們與社會脈動、流行文化毫無隔閡，有充足的體力可以製作大量節目來累積經驗。

但也應比照NHK、BBC，發展「資深製作人」制度，這些人看事情的方法與角度與眾不同，他們可以花一整年雕琢一、兩個節目。像NHK的資深製作人，曾經到中國巴顏喀喇山尋找黃河源頭的第一滴水，也曾到長城底下尋找當年蓋長城的工人後代，這些節目與流行毫不相干，卻巧妙地開創了另一種市場。

有時新與舊，未必是對立的選擇。

像最近勞勃狄尼洛的電影《高年級實習生》，一個七十歲的退休老翁，跑去網購公司當起實習生，他擁有一肚子經驗，需要可以打發時間的位置；年輕女老闆正面臨人生亂流，需要他的經歷導航。有時位子對了，就能找到價值。

但位子也常讓人抓狂，找不到位子的人總覺得與社會格格不入，看人成功有地位，酸！看人養出好孩子，酸！看人做出好作品了，更酸！整天與世界過不去，從不肯反省是不是自己走歪了。

啊！說遠了，還是回到印度。年過半百，我依舊嚮往未知國度，老婆卻想有冷氣與服務，但也好，「世俗」老婆可以平衡冒險的心，如果沒有她，我這假才子恐怕還在浪跡天涯。完了！說老婆世俗，我這假才子太酸了！

—男人之間如何表達感情—

父跟子都是男人，對彼此說「愛你」，總是很難脫口而出，不表達又怕留遺憾。父親節給你個機會，花時間和爸爸說點五四三都好，別再只是送刮鬍刀了。

父親節到了，總覺得爸爸角色沒有媽媽討好。

母親節時，兒子再大，還肯扭扭捏捏伸手抱媽媽說聲：「愛你」；父親節，送把刮鬍刀，完事！我算是跟爸爸很親，從小陪他到處喝酒吃飯。長大後卻從沒想牽他的手，說愛他。爸過世前肝昏迷，胡言亂語，直到十六年後，才在《寶島一村》裡揣想爸爸遺言，藉飾演我老兵爸爸的屈中恆之口說出：「願你此生不知道什麼叫戰爭，願你一生平安。」

父子都是男人，男人之間有道藩籬，沒辦法開口聊感情、談感受。就像李宗盛那首給爸爸的〈新寫的舊歌〉，「有幸運的成為知己，有不幸的只能是甲乙」像重搥打在心上。當威風的爸爸變成病獅，他怎麼面對衰老的自己？

當兵時遭遇兵變，爸老遠從嘉義到台北部隊看我，還說順路。回去前，他總算擠出一句「……我也沒那麼喜歡某某某！」我知道他真心喜歡我那個女朋友，還曾在她父親來家裡拜訪時，做出很多「努力」，想讓對方爸爸覺得破眷村……很體面，看著爸爸努力在他胖胖脖子繫上領帶，心裡酸酸的，這是他為了我的賣力演出。

爸爸從沒對我說過：「我以你為榮」，但我回嘉義時，他一定騎著小摩托車來接我。我早已比他高大，小車只能緩慢前進，他就這樣載著我，以步行速度跟村子裡的人無聲宣告：「村長兒子回來囉！」他那代人絕對不會跟兄弟們吹噓兒子成就，但他經常秀出一張他與張小燕的合照，喜悅、光榮全寫在臉上。

爸爸臨終前，我說：「您好走，家裡我會照顧！」卻沒抱抱他、說聲：「我愛您」。

這些遺憾，也只能寫進作品，一次一次體會、了解、反省。

父親節了，如果不知道該送爸爸什麼，千萬別再買電動刮鬍刀。花點時間聽他說話，或者乾脆打破藩籬，幫他「當漏」幾部無碼A片，跟他講點五四三、講點江湖話、聊點哥們爛事；認識他奇怪的一面、好笑的一面、青少年的一面，讓兩個男人，建立起打打鬧鬧的真感情。

快樂的共識

好在有世大運，大家齊心幫中華隊加油，
每一場賽事都讓人覺得很感動。
這是台灣近期極少數「快樂的共識」，
難得跳脫對立，難得一起快樂。

上週送小女兒去美國讀大學，學校小而美，學長姐熱情歡迎新生，整個校園充滿快樂活力，忽然羨慕起來，因為很久沒有這種感受。

入學儀式之後，送孩子進宿舍，校方規定晚上八點半之後父母要「清場」，時間一到，所有新生排成一排，揮手目送父母離開，象徵家長就此放手，責任到此為止。接下來他們要認識自己、獨立成長。開車離開時，老婆略帶感傷地說，真沒想到以前整天喊著要抱抱、要親親的胖丫頭，已經去美國了！

送走新一代留學生，我找老一代留學生、我的大學同學相聚，大家聊到目前華人社區裡多半都是大陸同胞，台胞已經變成少數中的少數，女兒校園裡也是如此，風水三十年輪流轉。無論如何，能跟老同學聊聊天，非常愉快。

回到台灣，想趕緊上LINE群組分享同學近況，打開一看，哇！老同學們po文激戰，肇因是政治立場不同，看得膽戰心驚，而且大家果然新聞系的，連發言都像紙上名嘴！

正想開口喬一喬，忽然看到同學「退出群組」，哎呀！震撼彈不亞於退出政壇！Po文意外引戰的女同學更為惶恐，我安慰她，人生所有事，其實都是小事，往後，我們還會退出人生呢。

近年台灣已經因為各種不同立場，社會毫無共識，集體不快樂。好在最近有世大運，大家齊心揮舞國旗幫中華隊加油，看著每一場賽事都覺得很感動，難得我們能一起快樂，這是近期極少數「快樂的共識」。

台灣就這麼大，各種立場的人會同時出現在同一家餐廳、同一班高鐵，難道要因為立場不同，就按「退出」，不吃飯、不搭車了嗎？當然必須包容。不過想想也安慰，同學都六十歲了，還有力氣翻臉，也是一種活力。也許《同學會》舞台劇的下一步，可以續演《六十歲翻臉後的同學會》。

打開手機一看，同學們開始PO笑話想拉抬氣氛，但就像好不容易找回來的花瓶，「啪！」又摔碎了，難免有陰影。一如走在仁愛路四段，原本繁榮的街道，現在多少店舖高掛出租，心中跟著蕭條了起來，越想越難受。趕緊看下一個群組，我表弟的色情圖片群組，感受截然不同。任何貼文，大家都說讚，而且從不分藍奶、綠奶，太有活力、太快樂了⋯⋯，什麼東西呀？

看見女兒的心事

問女兒喜不喜歡剛才的電影，她點頭說很喜歡，
又問，是不是看了電影心情受到影響？
她看了看我，又看窗外，看見台灣。

昨天，老婆看小女兒臉臭臭的，問她怎麼了？女兒沒說什麼。青少女年紀正彆扭，臉臭臭是常態，老婆沒多想便忙自己的事情去了。

照理說我們三人才剛看完電影，女兒通常不這麼憂鬱，但這部電影的後座力極強，難道，跟電影有關？問女兒喜不喜歡剛才的電影，她點頭說很喜歡。又問，是不是看了電影心情受到影響？她看了看我，又看窗外。

要在她這年紀思考剛才那部電影的訊息，確實很難，千百思緒，即使大人也得花點時間整理。告訴她，如果有什麼想法，不一定要現在告訴爸媽，可以在廣播節目裡告訴聽眾，我鼓勵她告訴更多人看了這部電影的感受，這回她看著我，點點頭。

這部電影就是齊柏林導演的「看見台灣」。我很少急迫地想推薦什麼給旁人，但「看見台灣」真是這十年來「一定要看」、更「值得一看」的電影。

記得二十五年前，我也曾像小女兒這樣，想說，卻鯁著說不出什麼。那年剛開始潛水，搭著小竹筏出海（而且還得申請漁民證），離岸一陣子之後回頭看墾丁南灣，當場傻了，台灣怎麼可能如此美麗！潛入海底，海中美景更驚人，色彩斑斕艷麗，視覺上極度震撼；不遠處卻是鋪著灰泥、像一座座大墳墓的核三廠，如此美麗遇到如此醜陋，讓人震驚到完全不能接受，因此好一陣子成了憤青，天天寫文章談生態、談核電廠，希望讓更多人注意到墾丁發生的事情。

相信齊柏林導演拍片初衷一定也是某個讓他無法坐視不管的畫面，他關心台灣，希望大家都能看到他所看見的台灣。透過他的視角，配上何國杰的配樂，時而雄壯、時而悲戚、轉個身又帶來希望，太精彩了！

聽著念真的旁白，他的聲音好、文好，不民粹、不點名怪誰，因為我們都在這個共犯結構裡。大家吃著美味的鴨肉，卻顧不到大量鴨糞正在汙染環境。台灣母親長期以血肉餵養我們的經濟發展，等看見問題，卻也回不去了。

電影放映結束之後，滿場觀眾不急著走，看著字幕慢慢跑，有董陽孜的字、有參與其中的藝術家、飛行員的名字，每個名字都貢獻了力量，觀眾也都「看見」了。結束之後有人起頭鼓掌，觀眾羞怯但勇於應和，全場掌聲，很感動。而且這樣一部紀錄片能夠吸引滿場的觀眾，台灣，真美！

能在金馬五十周年時看到這樣一部電影，讓觀眾看到台灣的影視工作者多年來持續不停的努力，忍不住要為齊柏林喝采，齊柏林加油！(本專欄按字計酬、而且稿費全捐公益團體，為了多賺稿費，我決定多寫些字) 齊柏林加油！金馬50加油！

—未知的旅程—

問我想要什麼超能力？我希望擁有面對挫折的勇氣。
因為成功不需要超能力，失敗卻需要極大勇氣才能面對，
就像海明威說：「勇氣就是優雅地面對壓力。」

過去常送女兒到機場，這次心情不同，這回送大女兒赴美求職，看她獨自一人拉行李過海關，面對未知的旅程，確實有點心疼。

雖然我們年代不同，感受卻相似。那時退伍後不知何去何從，幾次碰壁，幸好老師伸手拉我進公司做小助理，從零開始栽培，就這麼一路走到現在。

在車上告訴女兒，也許她會遇到欣賞她優點的老闆，也有可能不會。但就算再不喜

歡的工作，也可能帶來想像不到的機運。新人難免遇到挫折阻礙，當作是通往目的地的曲線路徑，希望她能在危機中找出機會、在試煉中肯定自己的價值。

這些都是老生常談了，工作有很多種，有些報酬豐厚，有些意義非凡，也可能兩者兼具。像這次接下動畫片《超人特攻隊》續集的配音工作，不計報酬、工作很難，對我們卻特別有意義。

十四年前配第一集的時候，我的孩子還小，大S與黑人都單身。這回配續集，小女兒都上大學了，而大S與黑人分別結婚生子，聲音更有味道。大S的聲音充滿母性、溫暖入心；黑人也多了份責任感，而這份工作，就是我們送給所有孩子的禮物。

在配音記者會上，記者問我如果當超人、想要什麼超能力，我說：「希望擁有面對挫折的勇氣，因為成功不需要超能力，失敗卻需要極大勇氣才能面對。」就像海明威說：「勇氣就是優雅地面對壓力。」

我多想叨叨絮絮地告訴女兒，現在的他們，是過去的我們。當年我們也像電影《後來的我們》裡北上打拚的蟻族，窩在小小的租屋裡，好久沒看過太陽，過年才有機會回家。飾演爸爸的田壯壯說：「做父母的，你們和誰在一起，有沒有成就，都不重要，只希望你們能過上自己想要的日子。」

如今初老的我們回憶以往經歷親情、愛情、友情的跌宕起伏，一路上辜負了誰？又回報了誰？已不勝唏噓！希望下一代在職場、情場上也能受人疼惜……也許冷漠、也許溫暖，希望都能有意義……在這裡祝福各位即將進入職場的孩子們！

——作伴的幸福——

世上有太多不可預期，結婚時，
想到自己未來不再孤單；孩子出生時，
知道這個新生命會與我綁在一起，都讓我感動。

週末是江蕙最後一場演唱會，沒法親身到高雄現場，在家用SPOTIFY聽了整晚她的歌，配上精彩小說《丈夫的秘密》，度過寧靜夜晚。

世上沒幾個人能優雅退場，二姊從九歲唱的五十四歲，處女座的她悉心安排最後巡迴，二十五場、五十一天、二十六萬名歌迷陪她做了完美ENDING，之後，轉身重新當回江淑惠。很少人能夠完美安排自己的人生，她真做到了。

完美太難，是因為世上太多不可預期。

像敘利亞位於歷史課本裡的肥沃月彎，是最古老文明發源地，多了不起的地方！二○一一年之前，敘利亞人生活安穩，國家發展也不錯，但接下來一連串反政府內戰與伊斯蘭國入侵，短短幾年，山河變色。

以前一直認為難民都是原本國家的弱勢族群，才要逃離家園，但敘利亞難民原本是銀行家、律師、醫師等中產階級，讓戰爭逼著離開自己國土後，只能在歐洲處處碰壁。像那位溺斃的小男孩原該安穩睡在自家溫暖小床，結果卻趴在海灘上，冰冷無比，他的無憂睡姿觸動了世上所有爸媽，因為自家寶寶也曾這樣香香甜甜地趴在自己肚皮上睡著，忍著椎心之痛，真希望小男孩也只是睡著了！

戰爭的殘酷在於人們再也無法決定自己的命運，渡過海、逃過難的人知道這種痛苦、因此什麼委屈都能受，只希望和平，再也不想失去依靠。我轉發插畫家幫小男孩加上房間屋頂，讓他在小床上安睡的圖片給女兒，跟她們說：「人要珍惜幸福、幫助旁人！」

周末老婆受洗，她說，人生算是幸福與順利，希望能多分享愛給旁人，因此受洗。當我把這消息告訴我們友人，她說：「什麼?!」頗感意外，我回：「因為她老公有罪，所以她要去做天主的女兒！」希望老婆的天父能原諒祂女婿開點小玩笑。

回家後，老婆說，受洗時她哭了，卻不知為何而哭。我說，人都很累，肩上有各種負擔與責任，應是知道此後有可信賴的依靠，祂會全心照顧你，放心了，所以哭了。不只信仰如此，親情、愛情、友情也都會帶來相依的安心與感動。

這感覺我也有過，結婚時想到自己未來有人作伴，可以互相依靠，不再孤單；孩子出生時，知道這個新生命會與我牢牢綁一起，都讓我感動。有人作伴，就是幸福。

老婆受洗時，我在旁觀禮，教會的朋友起鬨說：「偉忠哥，一起來！」我回：「嗯，先不了……我們夫妻很少共浴！」

III

這個世代的人生清單

—人生向陽面—

人生關鍵就在任何處境下堅持理想與目標，一腳步一腳步地累積力量，越多人願意做，越多向陽面，就能帶來更多正面循環與力量。

上周參加了黑人Love Life公益演唱會，在舞台下看著唐寶寶與藝人們如此快樂，到了一定年紀，不由得老淚縱橫。

五年前，黑人在癌症病房看到了小小生命鬥士，想做些事，就這樣從印T恤、拍紀錄片開始，說出癌症病童與家屬的心聲，動機單純仍遇波折。名嘴指控他斂財，黑人沮喪地問：「怎麼會這樣？」我說：「就當作經歷，提醒自己未來做事仔細點。」很高興年輕人遇到打擊沒倒下，摸索摸索，靠股傻勁，他還是繼續推動夢想，發揮力量鼓勵更多人，形成良性循環。

黑人知道鼓勵的力量有多大。記得第一次見他，那時他是個受傷、再也無法出賽的籃球員，又高又胖滿臉痘疤，說起話來沒有一絲希望，彷彿烏雲罩頂，沉入失望海底。我跟他投緣，像從水底撈起了一個孩子，給他機會進演藝圈。後來傻小子憑股傻勁兒闖江湖，他總喊我：「老爸」，常謝謝我一路以來鼓勵他，真不敢當。他是個向陽面的人，給些鼓勵就開始滾動，一路慢慢修正，匯集成更大的正面力量。

近年來台灣很多年輕人是這種向陽面的人，他們在自己喜愛的領域認真努力，不論設計、活動、美食，都很有主張而且品味良好，從小小的案子開始慢慢累積影響力。像華山文創常舉辦有意思的活動，背後都能找到這樣的一群人。我很喜歡的「好樣」餐廳也是如此，老闆沒出國留學，可是天生美感，讓她對空間、裝潢都很有想法，做出了特殊的味道，讓台灣更有可看之處。

這些味道小店在台北、台南越來越多，可惜大陸觀光客多半走傳統旅行團路線，無緣拜訪，而香港、新加坡的遊客特別厲害，早就口耳相傳，都能在台灣找到讓他們流連忘返的角落。如果台灣未來注定以島內消費為主力，越多人願意認真努力做事而不是光批評，島內文創確實大有可為。

上週南非前總統曼德拉過世（二〇一三年），二十七年牢獄之災沒讓他憤世，一九九四年就職典禮上還特別邀請當年的三位典獄長觀禮，曼德拉擁抱了他們，致詞時說：「如果不把悲傷怨恨留在背後，那我還在獄中。」記得曾訪問過同樣受到政治迫害的施明德，他說獄中就是日復一日看著囚室小小窗口外的樹枝，發芽了、長葉了、落葉了、枯枝了，如果沒有強大的信念與理想，無法承受這種磨人的生活。

人生，關鍵就在任何處境下是否能堅持理想與目標，一腳步一腳步地累積力量，當越多人願意做，越多向陽面，就能帶來更多正面循環與力量。至於施主席能不能當上總統，唉！在台灣要做曼德拉，看來也特別辛苦呢！

─遊戲的魔力─

全民正在瘋玩的寶可夢，讓我想起小時候最愛玩的尋寶遊戲，

越困難、越要過，不只為金錢，

有時就是一種信念，創業、上班，不也是如此？

最近許多人瘋Pokémon Go，街頭巷尾尋寶，本來覺得這年輕人玩意，但想想小時候最愛玩的，也正是尋寶遊戲。

小時候以為到處有寶，有次真從爸媽衣櫃裡挖出媽媽秘藏的照片，問媽那是誰，她大驚：「你怎麼翻出來了！」這是她的媽媽、我的姥姥，已經過世。若干年過去，陪媽第一次返鄉探親，已經過世的姥姥居然活生生在屋裡現身，太不可思議！又幾十年過去，才稍懂媽媽十五歲離家，寧可假裝姥姥過世以斷了思念的痛苦。

國中喜歡跟朋友組隊追蹤，以嘉義蘭潭為終點，靠一支粉筆在路上畫神秘標記，讓朋友追蹤路線前進，百玩不膩。成家後，一群爸媽帶孩子到峇里島，還是玩尋寶，大人小孩分兩隊，拿對講機邊走邊留線索，成為社群網路綁架孩子之前最令人回味的家族旅行記憶。

創業、上班也該拿出遊戲尋寶精神，越困難、越要過！奧運更是如此，明明前輩們已經樹立難以超越的記錄，但在全球觀眾吶喊中，選手們激發潛能屢破紀錄，他們這麼努力，真只為了獎金嗎？有時就是一種信念、一種魔力。

就像開幕式中名模吉賽兒在〈The Girl From Ipanema〉名曲裡走上前所未有的超大伸展台，一人走完一首歌，多美、多大殊榮，她會不會膽怯？相信她會，只是告訴自己，全球都是我的伸展台！她信了，觀眾也就相信了。

剛巧全民大劇團演出《瘋狂伸展台》，將模特兒的幕前、幕後搬上舞台，排練過程困難重重，因為模特兒不擅演戲，我一次次告訴他們，舞台劇有種魔性，「自己要先相信、觀眾才會信」終於，在觀眾的即時回饋下他們有了舞台感，一夕之間發現自己不只會走台步、還會感動人！敢試，才可能成功。

以前運動員不好看，男像猛獸、女像男人，漸漸地選手顏值越來越高，面孔與曲線都漂亮多了。人類追求美是本能，不過整形名醫蔣曉山屢次勸我該割眼袋，我都很有遠見地說不，等未來能源危機，我眼袋裡的小脂肪抽出來變能源，應該可以讓車子從台北開到桃園！

歐普拉的人生清單

課堂中學到的知識會淡忘，但價值觀會留下來，
那是驅動孩子前行的動力。不論身處何地，
培養孩子探索生命、思辨價值，
學會包容不同的聲音，才是真「多元」。

前不久飛到美國參加大女兒的大學畢業典禮，她是我們家清朝以來第一位留洋畢業生，意義非凡，心情愉悅的我一路上對空服員特別親切，完全沒當奧客！美國海關詢問入境目的，答：「參加女兒畢業典禮」，報上校名，「不便宜呀！」「是啊！」瞬間達成共識。

典禮當天，校方邀請脫口秀主持人歐普拉為畢業生致詞。她娓娓道來、簡潔有力地

談起媒體亂象、假新聞充斥，期許台下生力軍用真相來抵抗貪腐，我這新聞系老畢業生想起現在的媒體環境，真不知如何鼓勵學弟妹們。

歐普拉建議畢業生列個清單，寫下自己對世界的希望，進入社會後千萬不要被犬儒主義的無力感打敗！而且小事要顧，包括要鋪床、要回收、好好吃早餐、帳單準時付、別穿爛鞋子、挑個好床墊、真心表達感謝、愛護動物、尊重長者，還有，吃飯時不要看手機！這時有個人用極大聲的中文喊：「太棒了！」那就是我。

此行我們沒住旅館，在Airbnb上租房子，能自己下廚、孩子也能來同住，更重要的是老夫老妻不必關在旅館房間裡不知所措地乾瞪眼，確實不錯。早上時差，外出跑跑，發現旁邊就是La Brea Tar Pits博物館，許多小孩專心觀察著瀝青坑裡挖出來的長毛象、劍齒貓化石，在燦爛的加州陽光下，深深感受到教育的重要。

教育裡的知識早晚會淡忘，但價值觀會留下來。好比問起女兒在美國這幾年到底學了什麼，女兒說，學校很有前瞻性，與業界密切合作，因此能看到最「ＩＮ」的發展，而且同學來自不同國度，親身體會多元文化，在潛移默化中，她認為人生不只追求沾沾自喜的小成就，更需要長遠的奮鬥方向。真覺得她長大了。

相形之下，台灣教育是否令人迷惘？課綱與制度變來變去，難怪近年自學比例提高。當女兒滿心歡喜親炙「多元文化」，我開始擔心，台灣的「多元」，是不是僅限於包容與自己相似的意見，至於那些不同的，就是「靠北三小」了！

—沒有人是多餘的—

有兄弟姊妹的人，小時候難免會覺得自己是最差、是多餘的；但人各有其優點，只要遇到對味的環境，都能夠美麗地蛻變長大。

最近香港朋友來台灣玩，更精確地說，應該是來看看女兒在台灣的樣子。

我這朋友自由派，女兒們也自由派，都長大成人、各有專業。其中老大原本做電影剪接，可能因太自由派，在北京的人際關係有點……崎嶇，後來認識台灣去的音樂人，發現她的聲音很好，便鼓勵她走幕前，登台演唱表現很棒，現在留在台灣如魚得水，繼續音樂夢。

我問女孩覺得台灣哪裡好？她說這邊有種「很好的情緒」，不會太資本主義，勢利到只看錢；而且又不那麼封建，自由、夠開放，即使國語講得不標準、港腔港調，也從沒人批評過她。她說不喜歡香港，在大陸也待不下去，台灣，就像在窒息的空間裡忽然找到個小空隙，是個可以做自己的舒服地方。

這番說法很有意思，記得九七年前後也有許多香港人搬來台灣，有次搭計程車遇到廣東口音的司機，司機說來自香港，問他覺得台灣如何，他說，各地住久了都差不多，但台灣還是好一點點。

不知道住在台灣的我們是不是能看到這些「好一點點」的「小小空隙」，其實台灣很有條件成為華人樂園，就像大陸觀眾喜歡《我的少女時代》，片中那無法壓抑的初戀悸動與趣味，對他們來說就是台灣風味，很新鮮、帶點夢幻，很對味，要做到這點不太容易，但台灣有這魅力，能吸引某些特質的人來到這裡、愛上這裡。

對父母來說，孩子能找到對味的地方，做喜歡的工作，比自己事業成功還要開心。

前一陣子有位眷村第三代來到福忠字號，她吃著眷村菜，說謝謝我們留下眷村味道，她一定要與爺爺分享。因為爺爺這些第一代長輩常覺得自己是多餘的，整個世界都遺忘了他們的存在，如果知道還有人專做眷村菜、講眷村故事，一定很開心。

我相信只要有愛，沒有人會是多餘的。像一家好幾個兄弟姊妹，總有人覺得自己表現最差，是多餘的；但在父母眼中，每個孩子都有優點，只是有時花開早、有時花開較晚，只要遇到對味的環境，自然能蛻變長大。

父母們知道孩子的憤怒、發飆，只是另一種撒嬌，他們想確認即使自己這麼不可愛，父母還是愛他們，願意陪他們經歷起起伏伏。

選舉快到了，台灣的領導人可否像父母一樣，愛任何可以和他衝突的人民，可是衝突後的互諒需要多大的誠意？如果你曾有過和親友大衝突合好後的尷尬感受，你就會知道任何花瓶打破了縫合起來都有裂痕，台灣這個花瓶已經摔了很多次了！

也談狼與羊

同樣是清晨，清華、北大、復旦都可看到學生大聲朗誦英文；

台灣大學生卻在ＫＴＶ嘶吼唱歌，

兩相對照，令人擔憂。

上週去上海，飛機在大雨中落地，如果再晚十分鐘，雨勢就大到不准降落了。在大陸工作，很多狀況都像天氣一樣說變就變，官方一句話就能讓局勢逆轉。

像歌唱節目因為「反娛令」，紛紛季中喊停，讓整個產業急凍。最近反貪、反奢運動影響下，公營企業減少投資、消費，連中秋禮都少了，許多商家叫苦。沒想到我們也受到影響，因為最近全民大劇團的舞台劇《當岳母刺字時，媳婦是不贊成的！》到上海、廣州演出，反應很好，可是新的禁令頒布，公家企業不能包票，間接影響到後面場次，真是可惜！不過也有人包了票卻不來看，形成票房爆滿卻留空位的現象，也讓人傻眼。

這種官方「一令既出、駟馬難追」的現象，想必讓我們的官員很羨慕，因為任何新政策都面臨排山倒海的壓力，加上立法院議事進度緩慢，說不過就是不過，想換院長也碰壁，久了就知道不能硬幹，得要兼顧人情世故，靠著手腕運作才有轉圜空間。

這場難得一見的高層對決，正面貢獻是讓民眾在最短的時間了解政治鬥爭，只是真不明白怎麼會變成全民收看的連續劇，整天新聞只剩這一條，難道都沒別的事可關心了嗎？

最近我服務的《今周刊》以大陸年輕人的工作精神為題做了封面故事，擔任《中國夢之聲》的導師期間也有相同感受，許多來實習生光從學校到工作地點得要花兩小時搭車，卻不喊苦，工作積極，他們知道對未來的前途有幫助。

大陸學生必須出色，因為佼佼者才搶得到機會。我朋友好有一比，他說，清華、北大、復旦的清晨都可看到學生大聲朗誦英文；台灣大學生清晨也大聲喊，只是我們在KTV裡嘶吼唱歌。兩相對照，一邊如狼、一邊如羊，難免憂慮。

當然，大陸教育還是有他們的問題，像我們說隔代教養，大陸也有，而且更嚴重。週末看了鳳凰衛視《留守兒童》紀錄片，爸媽生下這些孩子後到大都市工作，由農村的爺爺奶奶養大，好幾年見不到面，因為交通費太貴，過年爸媽捨不得返鄉，寧可存錢供孩子讀書。孩子面對鏡頭談起爸媽全是思念，他們哭著說很想跟爸媽見面聊天，不忘請爸媽注意身體，要爸媽放心，自己會乖乖念書。而這樣的孩子在全中國約有兩千萬人，想了就心疼。

我常說：「千金難買少年貧」，貧窮讓孩子更能體會父母的辛苦，更爭氣。回家立刻想讓女兒看片、分享感動，正當口沫橫飛講到差點落淚，這小妞看了我一眼，淡淡一句「……那中秋節是要在家裡烤肉還是到外面吃？」我……我……

——阿瑲在北京——

台灣的電視圈節目只簽約三個月，不成就殺，往往扼殺了創意；中國的網路節目崛起，開出一條新的道路，透過網路點擊率，當下就反映了節目評價。

／

阿瑲是彰化小孩，說一口標準台灣國語還帶結巴（可能是因我們太凶惡，總嚇著他），他和二十位同事為了製作小S主持的網路節目《姐姐好餓》出差北京，一待三個多月。上週首播，二十四小時內吸引超過兩千萬次點擊。他說，好久沒有做節目做得這麼帶勁！

阿瑲是《全民大悶鍋》的粉絲，進公司時過了一段苦日子，劇本寫不好，直接丟掉，《悶鍋》藝人規矩又特多，得學會順著毛摸，好在都熬過去了。寫腳本時他曾問：

「要不要在乎電視台的立場？」我說：「都不必！這些我們來扛，你放手寫就好。」

可是不久《悶鍋》收了，阿瑲失落，頻問為什麼。我說：「當真實的名嘴與政治人物比喜劇演員還荒誕，就沒什麼好做的了。」後來他轉酷瞧寫劇本，不久，又轉做《我家是戰國》，就這樣做做停停，悶了一陣子。

我們公司傳統是不挖角、不抄襲，用經歷培養人才。但台灣電視台節目只簽約三個月、不成就殺，像把創意直接扔進火爐裡，再多熱情也會熄滅，怎麼養？電視台直接會把節目、藝人和製作人一起挖去，前方那裡有路？這時出現《姐姐好餓》，離鄉背井當然苦，做網路節目要有「網感」，要沾地氣，風向不好抓，但半年過去，發現這些小孩眼裡閃著光芒。

阿瑲說，這段日子天天都有戰鬥力，監製跳下來一起做，只要敢丟出好創意，多半都會實現，而且再也不必受制於一千八百個收視調查戶，觀眾透過網路點擊立刻回饋，雖然有褒有貶，但是太過癮了！詹仁雄也說，他看到團隊又找回最初做節目的熱情，辛苦算值得。

《悶鍋》出身的阿瑲關心南海，覺得大陸駐美記者王冠英文真好，還能舌戰美國人！

問起戴立忍問題，他則看看四周沒有回答。

教他北京「大柵欄」該用滿語念「大時辣兒」，他的彰化腔怎麼都念不好，忍不住問他，你說的普通話，北京人真聽得懂嗎？他哈哈笑了起來。

回台灣前面對台灣員工，跟他們說聲，加油！只是我和小詹都有點不敢問他們……要不要回來做節目！

——大跟班難為——

能獨霸一方的人，必定有很強的個性，願意讓出機會培育新人，是很不容易的；這次政治圈世代交替，黨政大老們是否會退居二線？就靜觀其變吧！

最近政治圈的世代交替成話題，其實所有行業都需要新人新血，但不是每個老人都樂意看到新人出頭，要願意釋出權力、讓出舞台，的確不容易。

娛樂圈的好處在名利來得早也去得早，世代交替快。像我們喜歡看新人、用新人，從澎恰恰、許效舜、邰智源、納豆、阿Ken一路到hold住姐，最近八點檔新戲《我家是戰國》則用從沒演過戲的Melody與海芬當主角。發掘新人不難，用直覺就能判斷誰天生就該幹這行。困難在於如何說服電視台「這個人可以」。像《康熙來了》，沒人想過這兩位可以搭檔，但我們相信小S能用綜藝帶康永；康永可以用知識帶小S，後來果然說服電視台，也收服了觀眾。

《康熙》之後，大家又問接下來呢？我總說show must go on，但誰來扛？誰能扛得起？剛好有個機會跟Sandy聊天，發現這女孩不簡單。爸爸吳宗憲對她絕對是關愛多於管教，但媽媽嚴，她懂事又努力，兩年半讀完美國大學。個性成熟卻又幽默好玩，跟爸爸之間可以娛樂、可以說教、可以頂嘴、可以感性，因此有了《小明星大跟班》的概念。回頭說服宗憲、說服電視台，播出之後收視率不錯，證明沒看走眼！

經歷起起伏伏後，發現經營新人最困難的還是自己這關。因為捧人，總有捧紅就走的陰影，尤其電視圈就這麼大，幕前會走；幕後也會走。很多人學會製作節目的SOP，說走就走，也只能放手，多讀讀韜光養晦的書，培養耐心。

大跟班不好當，為能獨霸一方的人，必定有很強的個性。要能讓出機會、陪著新人醞釀未來、扛起責任、不計毀譽地扛著等花開，真的不容易。為什麼要這麼辛苦？因為show must go on！有新人才有未來活水。

上週女兒從美國打電話來，告訴我氣象預報台灣要下雪，我說：「又不是清朝末年，下什麼雪！」結果竟然真下了！真是沒什麼不可能！但還是不能想像黨政高層願意世代交替，畢竟他們習慣當大老，有這麼多資源可以分配，怎麼可能退居二線當大跟班？可是連台灣都能下雪，……就靜觀其變吧！

─給新人機會─

培育新人不易，過程中常常會遭遇到挫折，
要敢給他時間與空間等他成長，
例如奇美創辦人許文龍出借館藏名琴給音樂系學生出國進修、
比賽，是扶植年輕人的最佳典範。

十月到，我也進入六十歲了。

最近去上海附近車墩拍戲，遇到來自臺灣的副導、攝影師，剛覺得六十疲勞，瞬間又感染年輕人的蓬勃朝氣，覺得點子多多，希望無窮。不過台灣現在不流行說大陸好話，還是少提為妙。

最近問個國小女生喜歡那位偶像？竟答韓團，問喜歡Jolin嗎？她說Jolin太老！想想他們之間差距二十多歲，不算苛刻。

當紅偶像太老，是因為沒有夠分量的新人接班，不僅社會上世代交替出現斷層，偶像圈也是無以為繼，唯一對策，就是多給年輕人機會。

今年，我們公司得了金鐘兩個大獎，更覺得培養新人很重要。不過經營新人不易，要敢給他時間與空間等他成長，更要尊重個性。

像納豆，他的藝名來自十年前《住左邊住右邊》裡他演的壽司店小弟，那時是菜鳥，抓不住型與定位，十年過去，各方的磨練讓他越來越好，今年還入圍金馬獎最佳男配角，演得真好！但不是人人都能像納豆圓夢，我也曾在培育新人的過程中遭遇挫折，垮得頭昏眼花，但要不要給新人機會？一定要。

最近陪來自大陸的美籍聲樂家田浩江到台南一遊，異常感動。在奇美博物館裡，華麗建築與豐富收藏令人讚嘆。且許文龍願意扶植年輕人，出借館藏千萬名琴給音樂系學生到世界各地進修、比賽，讓他們打開琴盒就能感受到來自故鄉的力量，是最偉大的支持。僅靠民間一人之力就能如此，政府更該實質行動。

去台南的高鐵上，聲樂家好友用他渾厚的男低音忐忑地問：「南部是不是⋯⋯不太喜歡大陸人？」等我們深入認識台南，聽導遊幽默風趣介紹虱目魚的由來，還看了當紅的林百貨，復舊老建築裡全是台灣最新文創商品，美感與創意一流。好友滿心歡喜地說：「台南真是太棒了！又好玩又熱情！」我說：「是啊，只要不談政治，台灣最美的風景就是人！一談政治，台灣的風景⋯⋯就是『忍』！」

—《聲林之王》看不到對手的戰場—

年輕選手在網路上聽歌，《聲林》在App網路首播，

／電視台隔天才播，這就是世代；我們像打一場看不到對手的戰爭，

不必比、不用比、不能比、該怎麼比？

週末《聲林之王》首播，收到北漂大陸的前同事傳簡訊說：「效果很棒，看完想回台北並肩作戰，不想在這裡獨自打拚。」心裡一陣激動。現在少有新聞願意談台灣綜藝前景，我能有個專欄寫寫東西，必要時老王賣個瓜，聊聊《聲林之王》。

《聲林之王》能成真，靠六字箴言「求爺爺告奶奶」。我們找到有業務能力的合作媒體ETtoday，預算在台灣算高，請星光一班的蕭敬騰、林宥嘉當主持人，他們不只自己大降價，還透過交情請歌手朋友也大降價當導師，節目才能成局。

硬體上，找來五月天的必應，把舞台做出大型演唱會的絢麗，更別提音樂、機器、後製等諸多幕後人力。以前棚內三機作業，現在大小加起來最多高達四十六機，團隊全累趴了。我們很像死守四行倉庫的八百壯士，詹仁雄就是謝團長，在窘迫現實中，想辦法打出去！

十年前我在台上選出林宥嘉，十年後在台下幫宥嘉、老蕭鼓掌，這就是世代！老蕭問選手，這歌是我國中的，你在哪裡聽到？選手回：「網路上！」大家都笑了。其實，網路是這十年最大的改變，《聲林之王》在App、網路上首播，電視台隔天才播，我們像打一場看不到對手的戰爭，不必比、不用比、不能比、該怎麼比？

這回成軍，真覺得做節目也越來越民主，因為人才都在民間，真人秀的魅力就在這些選手身上。沒辦法寫腳本，製作人也沒辦法從頭到尾一人指揮，所有環節必須協商、必須共享、必須分工合作，才能從豐富素材裡共振出精采與動人時刻，呈現幕後創意與幕前的認真努力。

節目播出後，沒有勝敗感，只想說：「謝謝大家！」讓我們仍能以高規格帶兵、練兵，帶給幕前幕後人才發光的機會，以及留在台灣的理由。行內朋友看完傳訊說，這才是大型旗艦節目，政府應該協助！但我們申請文化部補助沒過，也罷！之前還曾聽文青說：「娛樂不是文創……。」不過平心而論，台灣年輕人需要高規格的磨練，否則，會「越來越小！」

不夠江湖

現在年輕人有創意，可是社會感不夠，只愛跟同溫層來往，遇到挫折就生悶氣；但現在景氣差，要生存就得懂得如何建立交情，知道該找誰幫忙，如何解決困難。

年底要做個舞台劇《室友》，講幾對夫妻的故事。其中一對小夫妻剛結婚，開心辦完夢幻婚禮，搬進小套房，可是一個早班；一個夜班，見面都難，不敢生孩子，因為養不起。沒多久，老婆索性搬回姥姥家啃老，兩人分手、但關係沒壞，結果老公也想搬去姥姥家住，居然誤打誤撞響應了小英的居家長照政策。

這不是戲劇，是現實。目前台灣老人比小孩多，街頭少了孩子蹦蹦跳跳，多了持助行器獨行或坐輪椅的老人。老人化上頭條，只是一下子，未來怎麼辦？憂心一輩子。

尤其目前各行各業都不好，不是山崩，而是緩緩進入冰河期。老婆在零售業，每月聚會互相打氣，最近會長喊出「努力度過寒冬」，可知狀況之糟。在不景氣陰影下，年輕人還有機會啃老，上一代出錢、出房、出人力，能幫就幫。朋友孩子想進演藝圈，一一聊過，有些有機會、有些不適合，但發現這一代普遍不夠「江湖」。

「江湖」二字很難形容，簡單來說是跟誰都能「多」聊兩句的社會化能力。小時候告訴媽：「我頭痛！」媽回：「呿！你長得還挺齊全，還有頭！」撒嬌未成，被臭罵一頓……這就是江湖。懂江湖，就能建立點交情，知道該找誰幫忙、如何解決困難。

年輕人有創意，可是社會感不夠，只愛跟同溫層來往，遇到挫折就關門生悶氣，跟目前政府很像。但我輩都知道要生存，不能光靠縮編省錢，必須向外賺錢，就算乏人問津，也要找機會突破。

我若是小英，就開個「假如我是總統」論壇，聽聽年輕人想怎麼做主、想捍衛什麼，或許可以打破意識形態、為自己的未來奮力一搏。別老問台大人希望什麼歌消失在地球，……實在沒勁兒。

不過老人也分兩種，一種服老、放任身體自由發展；一種就像我女同學口中的「噁心」，老臉裝上沒有鮪魚肚的身體，她一糗完我，就被我掐著脖子，快斷氣才放手。沒辦法，能做事就做事，不能做事就健身，對不起了同學，只要景氣依舊糟，我還是會一張老臉配上這身材，噁心妳了！

推薦與關說

想來台灣可能也像我一樣，
把推薦當關說、把關說當關心，
大家一起忽悠了三十年。

上週與老同學們參加了大學同學小嘉的兒子婚禮，環顧四周，不知是同學們顯老，還是我老不修，怎麼同年齡的他們看起來越來越像我爸！

這是同學們第二次參加小嘉的家族喜事。第一回他結婚，我們去了一大堆人。現在湊湊，一桌。等孫子結婚，可能有些人就不克前往了。小嘉從小就是冷笑話高手、新聞人話又特多，這回擔任主婚人，他說：「三十年前我結婚，來賓當著我臉上開了一炮，隔年就有了兒子……」新娘家長潛心修佛、主桌還有一出家人，冷得臉上毫無表情……。

小嘉的人生代表我們這一代的情緒，軍公教家庭長大，考上中廣當起公務員，結婚、生子、買房、努力工作一輩子，終於退休。培養小孩國立大學畢業，找到竹科的工作，就業之後發現，咦？薪水怎麼跟老爸當年剛出社會一樣？三十年來居然毫無變化！

小嘉的兒子住在他家對門，爸爸買房、租給兒子，都在桃園。去桃園喝喜酒的路上，想起三十年前在龍潭當兵的往事，一代代孩子大了，但桃園市容沒變、處處鐵皮屋，鐵皮屋儼然成為台灣的基本建材。我們已經習慣「小富即安」，幫自己、幫孩子存點小錢，有空追追黃色小鴨、看圓仔，對外來刺激很有熱情，卻對居家環境的醜陋視而不見。難怪，三十年來各地仍是鐵皮屋城市，市容不變、薪水不變，想到前途，不知道能有什麼變化。

經過林口時，看到新市鎮，還有電視台在當地闢建影棚，似乎很有起色。只是同時間大陸萬達集團投資數百億元人民幣在青島蓋影城，要做就大做，連好萊塢大明星李奧納多、妮可基嫚等人都去捧場，立刻顯得林口區區數棟影棚規模小了點。

我是個小製作人，得過些獎，算不上什麼，一直有人找我寫推薦信申請美國大學，我都當作關說，差不多寫寫就好。等女兒要申請大學，託人寫推薦信，才發現推薦信不是關說。受邀寫信的教授約談女兒好多次，也跟我們談了，全面了解女兒，確定她的讀書目標與想法後，才慎重下筆推薦，態度上很仔細，跟我的「關說推薦信」完全不同。

想來台灣可能也像我一樣，把推薦當關說、把關說當關心，大家一起忽悠了三十年。當然每個人都很努力，因為我們的國民儲蓄率全球名列前茅，可是總這樣賴活著，追求小小的幸福，等下一個三十年過去，進步還是不大。

聊完天吃完飯，跟長得像我爸的同學們說再會。我想，應該是從事的行業不同，讓我的心境始終不老。只是風一吹，怎麼已經有點秋意涼颼颼了！

—傲嬌—

有一點經歷的人，多半有自己的驕傲、自尊與個性。
若懂得適時撒嬌還算不錯，最苦的是只傲不嬌，
痛也不流淚，是真正辛苦的人。

最近看了個網路影片，說到千禧年世代的想法跟過去的人類不同。

他們是社群公民，行動、思考都受到網路制約，若想法與網路主流意見不同，他們會焦慮，會在壓力下選擇跟著主流走，免得寂寞。他們深怕沒看過別人看過的影片，更怕不知道別人從網路上知道的新知、新產品、新App，唯恐不夠IN，會讓朋友踢出摯友圈，事事以網路為依歸，社群的力量，已經如同宗教。

在台灣，不用千禧世代，三十九歲以下的世界觀就跟我輩不同。在他們的眼中，我這輩當然是老人，而且還是一群out、脾氣古怪，有許多莫名其妙想法與堅持的老人。最近一老文青因故離開某團體，讓該團體的年輕人暗批為「傲嬌」，用字精準毒辣、怵目驚心。

有點經歷的人總會有自己的驕傲、自尊與個性，如果不肯放下身段，與他人必定產生意見衝突，這些社群公民怎會聽老人言！如果還懂傲嬌，適時向外撒嬌取暖贏得點同情，算不錯的。最苦的是只傲不嬌，打落牙齒和血吞，想著總會守得雲開能見月，再痛都不流淚，這種人，才真辛苦。

川普是全球最難形容的老人，像是隔壁鄰居家的俗氣老爸，平日只看摔角與美式足球，一方面吝嗇；一方面又極為土豪，大膽做自己、充滿了被討厭的勇氣。

你看梅莉史翠普在金球獎典禮上說他嘲笑殘障人士、說他這種位置的人還霸凌人，會帶來更多霸凌；說他若真趕跑外國人，那好萊塢沒人演戲了！川普推特回罵梅莉史翠普是希拉蕊的走狗，才不顧總統的身段與高度！但這也是網路時代才可能發生的事。

時代不停轉變，川普與史翠普兩普互罵時，我正在讀莊子。「風之積也不厚，則其負大翼也無力」莊子說大鵬鳥要飛行，必須要等到足夠的風力，不然翅膀再大也飛不起來。二〇一七年的開端，讀者不妨也想想在這網路年代裡，現在吹的風，你飛得起來？還是飛不起來！

──進入別人的角色──

願意聽人講話，是種民主素養，但對民主台灣來說，聆聽的空間卻沒有想像大。對於軍公教年金爭議，批評者或許可以考慮換位思考，看看軍公教眼中不一樣的世界。

最近正在排八月演出的新舞台劇《室友》，講中年夫妻與小夫妻如何從親密愛人，漸漸變成室友。

我非常喜歡排戲這個階段，編劇以主觀寫下劇本，演員進入角色，為劇中人發言。為什麼這麼說話？如何互動？反覆討論，讓角色活出生命。

每次排戲都覺得做戲是種福氣，每個人都該有機會進入一個陌生角色、認識他、聆聽他，看到他眼中不一樣的世界。願意聽人講話，是種民主素養，邱吉爾曾說：「民主是最爛的政府制度，但其他的證明都行不通。」現在我們美其名是民主，可是任何議題都吵成一團。

從對蔣公鞠躬、演化到把他腦袋瓜給切了！美國是民主先進，看到敘利亞內戰，二話不說便丟出飛彈！哪有空間聆聽與討論？軍公教年金爭議也是如此。

批評者可曾了解軍公教是如何成為軍公教？是興趣嗎？還是當年想減輕爸媽負擔。小時候我常豎起耳朵聽爸媽壓低嗓子煩惱要交學費了，沒錢怎麼辦？一陣心酸。投身軍公教，知道未來鐵飯碗裡盛不了多少飯，但一輩子有飯可吃。結果老了，反而變成年輕人口中的「要錢花」。誰又不要錢花？如果社會新鮮人二十二K一夕降到十八K，能不走上街頭嗎？

這讓我想到以前村裡賣叭噗的，他很懂顧客心理學，挖冰永遠是滿滿一勺，然後把勺子外面的冰也仔細壓進甜筒裡，每個客人都覺得賺到了！現在軍公教則覺得政府要把自己碗裡的冰淇淋挖走一半，還帶頭誣他們不愛國！當然會抗議！

說穿了，退休軍公教也有心態想多留點資產給家裡的太陽花世代，怕他們低薪難過日子。如果下一代爭氣，上一代根本不必憂心。其實年輕時沒錢，真未必是壞事，只會激發更多創新與創意。不過「重仁塾」邀我八月演講，想想還是別去的好，免得我一說「千金難買少年貧」，又害了徐重仁，我是沒啥風度道歉的，這也是我勤練身體的原因，年輕人一跟我起衝突，我就站起來……跑！

大學LP現形記

一篇「貴族台大人」歧視的網路文章，挑動階級，直逼當年「高級外省人」。得好好感謝管中閔，這次風波讓眾人LP一一現形，只是有人長在腦裡、有人長在嘴上……。

近來教育部拔管事件滿城風雨，在《今周刊》截稿前夕看到一篇網路奇文，作者是台大經濟系的，說台大培育貴族氣息的領導者，而文化則是聯考最後一名，學生都等著捧人LP、當跟班，所以他不能接受文大人當台大校長！讓我這文大畢業生一驚，連我媽都忍不住質問，當年傾家蕩產硬湊出兩萬塊加上一條金項鍊送我上大學，原來只學會捧人LP！我回，我不捧，我只捏……。

這麼大白話「貴族台大人」歧視文，直逼當年「高級外省人」，卻不見文大人加以譴責、提告；趕緊上傳大學群組想找人同仇敵愾，還是一片安靜無聲……。整整過兩天才有人發文反擊，不像我這麼衝動，馬上寫專欄討回公道，看來「蹺課時數」與「反應速度」成正比，誰說文大人只會當跟班！

忽而想起當年班上有位長髮女同學只跟「台清交」交往，原來！我們自己都瞧不起自己，而且她的台大男友在我們教室裡陪她上課的時間遠多於台大，不知是否順便接受文大特有的捧LP訓練薰陶？現在想必已成為左手具有領導力、右手能捧LP的貴族！

看著這篇奇文、越想越悶，不少文大同學生了孩子考上台大，孩子如果問起爸媽是否精通捧LP技術，該怎麼答？依照作者龍生龍、鳳生鳳的邏輯，文化又怎麼可能生出考上台大的孩子呢？

其實一九七五年，我考大學那年，文大新聞系錄取分數只差台大歷史系幾分（差不到一百分，我只能用這招來欺負台大人），現在方知「台大貴族」與「文大賤族」

確實不同。君不見貴族脫口而出「ＬＰ」一語，頓時讓登不上殿堂的ＬＰ也跟著高貴起來，得好好感謝管中閔，這次風波讓眾人ＬＰ一一現形，只是有人長在腦裡、有人長在嘴上……。

不過！我們文化人也不好對台大選校長一事多加議論，因為文大自己選校長也亂成一團，董事長、新校長、舊校長纏鬥不休，但這也是好事，更能佐證我們手上絕對沒有捧任何人的ＬＰ，你看過有人邊捧ＬＰ、邊打架的嗎？手該往哪裡放呢？

不要再叫人家小朋友

馬習會後，宋楚瑜不高興，因為昔日的小老弟，竟然奪了他的歷史定位。不過有時候忘了年輕人會長大，老婆勸我：「你不要再叫人家小朋友，人家會長大！」

馬習會上周登場，各界人士都發表了許多意見。

蔡英文很生氣，苦心經營的模糊未來，這兩人憑什麼一口氣吹開迷霧？宋也很生氣，明明自己以前的小老弟，怎麼奪了他的歷史定位！最好笑的是柯P，人家馬習會，他來柯扁會，其實最該會的是趙藤雄吧！大巨蛋一天比一天生鏽、荒蕪，他不擔心台北市民的安危，反而哈哈哈地擔心起習大大，讓大家心揪了起來。

觀眾整天看這些「大人」們連講講好話都不願意，個個內心異常糾結，耳濡目染下，老百姓在路上狹道相逢又怎能不幹架，台灣集體焦慮，有位激勵大師說：「當內心常懷恐懼、焦慮、懷疑，並將大部分能量消耗在負面情緒上，這才是成功最大的障礙。」很有道理。

所謂慈悲喜捨，共喜之外，我認為最難的是「捨」，任何關係一牽涉到名利，都難平常心。尤其現在要當謙謙君子更不易，因為君子怕小人，而小人怕痞子，您看，最近影劇圈不就剛上演小人怕痞子的戲嗎？（不懂可以問我）

人真的要知道自己必須與人合作，也必須學著合作。這些年跟年輕人一起工作體會更多，每個年輕人都優秀，我的任務是帶著他們抓到tone調，接著必須放手，退後一步，真心為他們鼓掌，進退都要拿捏。

像最近《同學會》第三度演出，楊麗音說團隊很好，因為她看到導演與全民大劇團一早開會，工作人員這麼主動、這麼努力，讓她很感動，聽了我也感動。

想起草創階段外強環伺，念祖跟我做了七年的大悶鍋，創團作《瘋狂電視台》是這七年的心情寫照，什麼都沒有的電視台，就像什麼都沒有的魯蛇，得想辦法置之死地而後生。幾年下來，全民大已經推出十齣戲，這回的《同學會》大放異彩，更為這群年輕人高興！

只是有時候忘了年輕人會長大。像前一陣子見到公司以前大將，一直以來我帶著眷村習慣，對特別親的哥們伸手抓雞雞偷襲，抓抓躲躲是我們的默契。可是當場大將的老婆說：「偉忠哥！不要這樣！我會心疼！」聽完心中「登！」了一下，怎麼小老弟跟往昔不一樣了？

如果硬要鑽牛角尖，會製造更多負面能量，這時身邊的人很重要。老婆勸我：「你不要再叫人家小朋友，人家會長大！」也是，覆巢之下無完卵，人家新婚，雞雞已經是別人的了！

所以我提醒自己，不是每個雞雞都能抓。也勸告宋楚瑜，別再抓馬英九的雞雞了！

—語文能力很重要—

不管哪一行，語文能力都很重要，
北向南向、暈頭轉向都要靠語文。
最近發現學生的英文竟遠不如聯考世代的我們，
其實語文不難、夠唬人就好！

蔡總統上台近兩週，確實有些變化，像政府立場改傾美日，美豬進口換來換去、沖之鳥忽大忽小，網友居然都成順民，一一承受，真是昨非今是。惟名嘴沒變，過去，罵國民黨；現在，還罵國民黨，始終如一。相形之下，諷刺漫畫家CoCo永遠站在執政者的對立面，值得欽佩。

其中行政院撤告太陽花最讓藍營跳腳，藍委說那以後也要衝，可是誰衝呢？若林覺民在世，應該會跳出來痛批「你們才沒這個種！」眼前唯一大砲蔡正元新婚，絕不肯「馬尾卿卿如晤」，邱毅會衝，可惜已是「前」國民黨員。全黨對外軟趴趴，只懂分派系，像球技很爛的四人相約打高爾夫，一打出去，球道上居然沒人，全分頭找自家球掉哪兒去。

無論政局如何變化，有些事情非做不可，像教育。最近參加兩場會議，電影圈與文創圈都聚焦「育才」，像小野將在寶藏巖主持高中部的影視學校，是很好的起點。以台灣條件想拍大場面很難，若拍歷史，又會掉進史觀論戰，最適合年輕、另類創意路線，因為創意不分國界，就像歐洲電影之於好萊塢。

我們真不必妄自菲薄，最近看喬治克魯尼的《金錢怪獸》，投資客進電視台挾持名嘴、逼他們拿出利多證據，與我們《瘋狂電視台2》挾持電視台、逼名嘴拿出外星人證據的橋段不謀而合，合理懷疑他們來台灣看過戲。就像當年在跨國公司MCA唱片當總經理，發現國外音樂人常到第三世界採集音樂素材，於是疑心湯姆克魯斯主演的《悍衛戰士》（*Top Gun*）插曲〈Take my breath away〉根本從台灣抄的，你聽，那開頭的旋律，不就是小時候唱的「我…們…國…父…」！

不管那一行，語文能力都很重要，北向南向、暈頭轉向都要靠語文。最近發現學生的英文竟遠不如聯考世代的我們，我們靠幾個關鍵字就能唬人，他們卻連開口都沒勇氣。讓我想到蔡總統接見外賓時竟用英文坑坑疤疤說自己的中文有問題，蔡總統，面對美國人真不必謙卑、謙卑、再謙卑，我們聯考世代的人都知道，語文不難、夠唬人就好！不信你問柯P！

IV

人有魂，創作也有魂

魂的養成

魂讓我們有精、氣、神、有自己的性格。
不只人有魂，創作也有魂，
當創作少了七魂八魄，將只剩行屍走肉。

上週出差到上海，抽空看完《戰馬》舞台劇。上回初看是擔任《我要上春晚》評審，只欣賞片段。全貌果然更驚人、更震撼，見識到英國式舞台精簡卻深遠的功力！光靠放煙與聲光，就能模擬出戰爭場面。當戰馬死亡，三名操偶師從牠的腹部、頭部側身而出，離開舞台。三人的動作像鞠躬、也像告別，原本神氣活現的馬，秒成皮囊。這就是魂啊！瞬間落下淚來。

我一直很喜歡看偶戲、操偶，對一輩子受明星氣的幕後人員來說，偶，就像天上掉下來的禮物，他們不軋戲、不要錢、髒了擦擦就好，從不鬧情緒。不像主持人說不做、節目就不能做了（暗諷《康熙》？我慘了！）

像《嘎嘎嗚啦啦》的孫小毛，當他躺著，就是隻偶；一拿上手，瞬間活了，成為五、六年級生共同回憶。當年孫小毛奪得紐約電視銀牌獎，讓我得以申請美簽到美國領獎，還記得一落地，在機場看到美國工人，訝異不已，原來白人還要做工！我真沒有民族魂！

那次美國行除了朝聖「偶界天王」芝麻街，還拜訪在洛杉磯、紐約的大學同學，他們已在當地定居，我卻連打通電話用英語確認機票都還心驚膽跳，一撥通，嚇得魂不附體，趕緊掛掉，覺得還沒準備好。

看完《戰馬》那一刻，我突然覺得人說穿了，也就是皮囊加上某種操偶師，我們稱之為靈魂。魂讓我們有精、氣、神、有自己的性格，在過世那一瞬間，陪了我們一輩子的操偶師離開，留下煩勞終生的肉體，其實，人生真是一場戲。

人有魂，創作也有魂，而且每個編劇的魂都不一樣。創作魂必須有個性。目前最熱門的劇多半由受歡迎的網路文學（IP）改編，但不能硬湊，絕不如阿里巴巴影業副總裁所說，弄個比賽請受歡迎的IP格鬥，勝者為王，當場成了《復仇者聯盟》。各色英雄全搞成一團體，乒乓一陣亂打，不知道是救地球，還是聯手毀地球（暗諷美國）。當創作少了七魂八魄，只剩行屍走肉。

各行各業各種組織，都有魂，政黨也如此，一個政黨沒了魂，整個都完了（暗諷……你知道的！），去！至今我還括號暗諷什麼呀？什麼時代了，大家都知道我說的是誰，不過我也無須人云己云、落井下石，詛咒該黨消失不見，台灣就有救了，這也太極端封建和太不民主了吧。哎呦！不錯喔，我的魂又回來了！……失魂落魄好久了！

讓心澎湃

「心」，不像肝、肺、腎，沒有「肉」，但「哀莫大於心死」，這，真的很慘。就讓心澎湃一次，隨著空氣律動搖擺，怦然心動，其實，一點都不難。

最近看真人改編的電影《大娛樂家》，想起童年心情。

《大娛樂家》裡的休傑克曼貸款買下倒閉的博物館，因票房慘澹，突發奇想加入怪胎秀、變成馬戲團後一炮而紅，劇評家評為低俗，他不服氣，因為他認為「帶給別人快樂是最高貴的藝術。」

這讓我想起小時候很期待「東方」以及「大中華」馬戲團進城，那真是種無以倫比的快樂。街上飄滿海報傳單，空氣中有種很特殊的氣味，帶點動物味、又加入超現實的外星氣味，組合成一種充滿好奇與喜悅的味道，讓我的心情澎湃不已，日夜期待著棒球場旁邊的空地趕快搭起巨大帳棚！不過票價很貴，爸爸咬牙買了兩張票，帶全家六口混進去。

馬戲團就是個奇想世界，我記得那天有點發燒，可是聚光燈一打，病全好了！小丑登場、空中飛人、大象表演、兩輛摩托車在球籠裡驚險競速，太神奇了。等檔期結束、帳棚拆除，我們這群小孩還蹲在空地看著曾經插上棚柱的大洞，一再講述那晚的驚險刺激，好像馬戲團還在眼前。

其實創意，就是做出讓內心澎派的作品。

心很重要，所有器官當中，只有心不像肝、肺、腎採肉字邊，「心」沒有肉，但是「哀莫大於心死」，如果什麼夢都沒做，卻已經「心死」，就太慘了。這讓我想到另一部電影《大災難家》，也是真人真事改編，講一個怪導演花六百萬美元拍出票房只有一千八百美元的爛片，就結果來看他慘透了，但起碼他完成夢想，沒開出奇花，卻成了奇葩，透過《大災難家》永垂影史！

我做過大娛樂，也做過大災難，總要在「市場」與「奇想」之間拉扯，人生才完整，眼神才會發光！我真覺得人總要讓心臟澎湃一次，要用心讓空氣中飄著讓人怦然心動的喜悅氣味。可惜現在的影視圈怪怪的，下游的人還想做夢，上游的高層卻想法迴異，試著聞聞台灣空氣中的味道，你聞到了什麼？政治的煙硝味？酸民的醋潑味？有沒有聞到小時候快過年那種喜悅的味道？那種親人要回來，紅包紙香的味道？有嗎？

──多些 fancy 多些瘋狂──

男生都怕當兵，但是極限運動上山下海難度超高，這不就是虎嘯戰鬥營！東京馬拉松，結合文化、美食包裝變得很 fancy，牽動吃喝玩樂眾多產業，鐵定秒殺。

最近看導演楊力州講台灣電影的紀錄片《我們的那時此刻》，片中電影除洪一峰演的沒看過，王哥柳哥、街頭巷尾、教忠教孝、瓊瑤、黃梅調、武打片、新浪潮、新新浪潮，我都在觀眾席無役不與。重走一次台灣電影路，發現電影與社會緊密貼和，像以前的愛國電影、後來的《女朋友。男朋友》、《不能沒有你》，都跟當代氣氛有關。

踏實，是台灣特色之一，但不夠浪漫，少有fancy的空間。像新任總統蔡英文高舉五大產業，說穿都是科技，其他的呢？難怪需要奇想的電影人也實事求是，不天馬行空。這樣的環境下忽然出現「一日雙塔」柯P市長，他還拆掉高架橋重現北門，這些奇思妙舉讓太實際的台北變得很有趣。

有人問，fancy有用嗎？能吃嗎？不必喪志，還真能吃。像馬拉松就不只是跑步，牽動太多產業，東京馬拉松早成全球觀光盛事，今年有三．七萬人參與，選手加上親友團，跑完能不吃一吃、買一買、逛一逛嗎？台南最近推出藝術博覽會，地圖上除了標示展場，還畫出知名美食，藝術加上巷弄美食，太fancy、太誘人，立刻安排台南一日行。

最近好友兒子學成回台灣做極限運動行銷，帶成員上山下海挑戰超高難度活動。我說，這不就是虎嘯戰鬥營！雖然男生都怕當兵，可是包裝成救國團活動卻秒殺，移植到今日還能成為熱門休閒活動。即使累死人的「一日雙塔」，稍加包裝，結合文化、美食或其他創意，鐵定秒殺。

很多奇思都有獨樂樂的個人色彩，像我心中最棒的行程就是回嘉義，先去老廟上香，跟爸爸說說話，然後包個車在嘉義依序吃陽春麵、肉圓、雞肉飯。每一步、每一口都有說不完的故事，可惜沒什麼人會對我爸的燒香之旅有興趣，無法出團。

所謂「慈不帶兵、義不掌財」，獨樂轉為眾樂時更需要幫手，才能掌控進度、規畫財務、做成事業。我這人剛好不慈、不義又有fancy，很能讓各種奇想成真，看來該去求職會場擺個攤位、掛個牌子，上面寫著「此人不慈、不義，專營夢想成真！」……夠fancy吧！

怕就不做了？

金鐘獎典禮後，媒體連環炮火批評，

做得辛苦卻挨罵，只能說服自己，現在沒人想看好話，

這是目前的社會現象使然。

今年公司承辦廣播金鐘與電視金鐘獎頒獎典禮，承接之前，大家都怕，因為三金典禮吃力不討好，注定挨罵。我告訴同仁還是要接，他們還年輕，該多多嘗試，接了才知道是怎麼回事，即使批評也是好的，可以從中學習。

半年來金鐘團隊不做其他節目，專心做金鐘，只是這類典禮可出意見的婆婆媽媽甚多，要一一溝通、每個環節要照顧協調，好不容易請來的頒獎嘉賓不能光上台頒獎，必須給予禮遇及橋段焦點，加上近年獎項是過去的三倍以上，時間控制特別

難。上週典禮結束，果然被批得體無完膚，還因超時而罰款。

媽媽看到報紙上的連環炮火，勸我下回別做金鐘獎了，做得辛苦還挨罵，不值得。我說：「不，媽，還是要做，難道怕罵就不做事了？難道怕離婚就不結婚了？」道理是一樣的！上週外甥女結婚，新郎小她幾歲，我告訴媽媽現在「姊弟戀」很普遍，是社會現象。像外甥女的新郎很認真上進，對事業全心投入，他當然不可能找個還要時時刻刻安撫照顧的小女友，因此外甥女與他兩人關係平起平坐，共同分擔家庭責任，是最好的組合。

這場婚宴上，媽媽喪偶、我跟老婆已婚，姊姊離婚、姐姐男友喪偶後與姐姐重逢，兩人是相依為命的黃昏之戀，處得很好，外甥女的姐姐則未婚，每個人的婚姻狀況都不同，就像每段婚姻面臨的問題也不同。

簡單地說，以前年輕時結婚，相守到老是常態。但現在結婚時相愛，可是婚姻過程中太多變化，一張床誰睡左、誰睡右？該吃什麼？人生應該選擇哪條路？每個關卡都要選擇、都要協調溝通、都要有人願意退一步。年輕時容易達成共識，但幾年或幾十年過去，能共識到老的夫妻很少、很難，就像民意也一直變化，難怪離婚率越來越高。

我跟媽說，離婚率高，就像現在媒體愛批評人，都是社會現象。過去媒體喜歡鼓勵努力認真的人，但現在沒人想看好話，寫好的報導，觀眾讀者不買單，非要毒舌、爆料、狠批才有市場。

因此金鐘隔天看新聞，媒體批評金鐘幕後表現不夠好在意料之中，像這回為了控制得獎者致詞時間而準備的升降麥克風確實安排不當，我們也在檢討反省。

但批評張清芳演唱就沒道理，她分文不取、純粹抱著「回家做點事」的熱心相助，卻挨罵，相信她媽媽也會叫她下次別來了！而且，很多人下次也不想來了！台灣明星不多，請媒體多點熱情，別嚇跑大家。

一陣槍林彈雨之後，同仁們裹著傷口問：「下屆別做了吧！」我說：「不能不做！」又把社會現象論對他們耳提面命，其實不只說服他們，也在說服自己，……這樣才有做下去的勇氣。

鼓勵取代批評

鼓勵確實比批評有力量，當焦點放在批評，
批完之後，事情還是不會進展，而且阻力多了，
人人怕做錯，誰又敢放膽做事？

上週是金馬五十盛會，趁機與應邀來台北的趙薇、許鞍華、李檣等電影人吃飯，李檣今年抱回了編劇大獎，但吃飯時還沒頒獎，看起來特別緊張，他的心情我能體會，因為電影人與觀眾的關係不像電視圈，電視圈是一年三百六十五天、天天與觀眾見面，電影人則一年見不到一次，難免忐忑。

今年頒獎典禮辦得漂亮，有兩大心得，一是電影確實需要偶像，在家看歷年來的影帝影后大牌輩出，多少俊男美女令人難忘，不論電影人或是影迷都深受感動，看得

出台視與金馬執委會都盡全力了。第二大心得更重要，今年的最佳影片跌破眾人眼鏡，或許，能帶給華人電影圈全新啟發與全新精神。

這些年來兩岸三地的電影逐漸走進自己營造的窠臼當中，台灣電影標榜本土、大陸電影則力衝票房大片，久了，難免忘了基本。金馬評審團在這別具意義的五十週年，選擇將最大獎最佳影片頒給新加坡的《爸媽不在家》，鼓勵新人創作精神；又將最佳導演、男主角給了苦行僧似的蔡明亮與李康生，證明金馬評審確實有見地、有獨立的評審空間。

頒獎典禮最重要的就是得獎當下，其中最亮眼的，我覺得是林強得獎時說：「批評是阻力、鼓勵才是動力」，這話說得太好了！鼓勵確實比批評有力量多，當焦點放在批評，批完之後，事情還是不會進展，而且阻力多了，人人怕做錯，誰又敢放膽做事？

李安導演身為評審團主席，他看了這麼多影片之後，提出「台灣電影氣虛說」，點出大格局未必需要大製作，只要結構、內容、關係經營得精彩，就是好格局，因此透過給予新加坡片《爸媽不在家》鼓勵，提醒「格局」的重要，五十萬美金照樣可以做出什麼都有的好片。放眼入圍影片，大師們不缺鼓勵，透過鼓勵這樣的小片，應該能讓更多電影人多想一想，也許就此改變台灣電影的未來。

在這個變化快速的時代，許多宗師都面臨挑戰。記得看過一個武術大師遇到西洋拳擊手的紀錄片，宗師比畫了半天，三兩下就讓拳擊手打倒了。很多時候功夫是種信服、是藝術表演、是意境，肉搏未必有利。就像過去做政治諷刺喜劇，曲曲折折找方法幫人民說出心底話，只是遇到聲嘶力竭的名嘴們，政治諷刺毫無用武之地，儼然就像倒在地上抽搐的宗師，想想真沒意思。

如果批評有用，這次的菲律賓海盜綁架台灣女子，名嘴們口沫橫飛批評政府無力、無能，很想建議不如讓名嘴們湊一團，組成台灣版海豹部隊前往救援，對著海盜噴口水，一定使命必達。

—大器與包容—

台灣在國際社會的眼中，有如罕病兒童，
但我們逐步建立自己的樣子及口碑。金馬獎也是以藝術論藝術，
不受政治干擾，這樣的大器應該是我們的驕傲。
／

今年金馬獎讓網友譏諷是金雞獎，因為得獎電影以大陸片居多。日前立委質詢為何要補助扯鈴這中國技藝；若一一溯源，凡「他們」的、「我們」不要，那「我們」到底剩下什麼？

文化哪能分邊界？像馬友友推動「絲路計畫」，他持續走訪全球、與各地音樂家合作，帶給觀眾無盡感動。他的華裔背景在西方音樂世界的成長過程想必受到些阻力，但他更大器地與世界上七十億人融合，他的包容，成就了他。

今年金馬終身成就獎得主張永祥是我心中最懂包容的人。八〇年代他到華視擔任節目部經理，那時我的《連環泡》、《七點新聞》在半戒嚴時代常踩紅線、引來上級關切，讓我動輒發飆。他選擇包容，錄影時靜靜走到我的身後，不說什麼，給我溫暖的支持力量。

他了解創作、了解年輕人，像個父親一樣包容我們的衝撞，更是良師益友，在關鍵時刻從不鬆手，不讓我自毀前途。他一直是我的榜樣，有他在體制內包容我們革命，容許我們一小步一小步衝撞出空間，才有今天的狀態。

台灣不也是這樣，在國際社會的眼中我們就是罕病兒童，但我們一步一步建立起自己的樣子，做出自己的口碑。像金馬獎贏得敬重，獨立自主、不論你從哪裡來、也不管你來不來典禮、以藝術論藝術，不受政治干擾。這樣的大器應該是我們的驕傲，所謂人小志氣高。

頒獎典禮上老長官說有幸生在最美好的年代，那個時代裡都是好人。我想他沒說出口的是，現在溫暖已經不再流行。現在社會雖然開放，包容之心卻變小，陶子主持金馬的一句戲言，引來網友圍攻；標榜民主的政黨，執政後卻向對手狠下殺手。藝術領域需要廣闊寬大的包容之心，社會、國家更是如此。不過，我也懂觀眾為何對金馬得獎名單如此焦慮，因為得獎片都很陌生，大陸電影沒抽到配額就不能上片，奇怪，好萊塢電影怎麼就不必抽籤呢？

—起步於台灣—

台灣有機會在華人音樂版圖占一席之地，
因此，《星光大道》一定要找到出路，
可惜台灣媒體對於《星光》新冠軍，似乎不願花點篇幅鼓勵。

上週，《華人星光大道3》選出《超級星光大道》以來第十位冠軍，看著黃韻玲、小胖、姚謙、飛兒的陳建寧這幾位評審老師一路相挺，陶子也趕回台灣主持，他們真的不為錢，純粹憑藉對台灣樂壇的熱愛，想替這群孩子們領路。今年競賽陣容多元，包括新加坡、日本等地，很高興《星光》能受到觀眾、選手重視，更希望能夠讓「起步於台灣」成為他們共同特色，闖蕩更大江湖。

在後台準備時，小玲跟我談到這兩年大陸選秀、歌唱比賽節目突然爆發，她說：「偉忠哥，怎麼辦？快救救台灣吧！」我只能笑答：「怎麼救？」因為沒有平台、缺少資源，台灣節目在製作規模上難與大陸節目並駕齊驅，《華人星光》能做到現在的規模，我們真盡了全力、拚了老命。去年一年到大陸取經發現，台灣有種很特殊的「氣味」，足以吸引全球華人來到這裡發展，只要結合資源、找到合作方式、人才與金主，台灣不是沒有機會。

台灣的香氣來自於自由創作空間，也許我們沒有那麼高額製作費，但許多海外華人都把「來台灣選秀」當成心願。在實際操作上，許多星光參賽者陸續參加大陸選秀，製作單位對「星光選手」另眼看待，因為他們知道這批選手很有特色，就像「遼東鐵騎」、「蒙古騎兵」，已經打出名號。

這一陣子我一直思考著該如何讓《星光大道》繼續，如果能結合網路與台灣的自由創作空間，《星光》會是個很好的接續站。讓世界各地好手在《星光》塑型，送「起步於台灣」的他們參加其他更大型比賽，進而站上更大舞台、有更好出路。「起步於台灣」吸引人，是因為台灣的音樂實力確實很好，就像美國鄉村音樂的那許維爾、爵士樂的紐奧良，太多樂迷到這兩地朝聖，希望台灣能在華人音樂版圖佔有這樣的一席之地。

我在《中國達人秀》常見年輕人以土法煉鋼修成一身好功夫，但爸媽還是希望他們好好讀書，因此透過上節目尋求肯定。參加節目比賽當然是一條路，但更該趕快簽個懂得包裝的經紀人，幫忙談些金主投資，市場這麼大，一定有機會。我話風一轉，對著另一位評審趙薇說：「就像趙薇嫁得不錯！」趙薇立刻哈哈大笑。

《星光》也一樣，結合人才、資源、平台之後，會有一線生機！因此無論如何一定要找到出路，讓《星光》成為華人最想參加的節目，歌還是要唱下去！

但比賽隔天翻開報紙，只有少數報導《星光》冠軍出爐，媒體寧可大篇幅報導劉德華收一億五千萬酬勞參加《我是歌手》，也不願花點篇幅鼓勵《星光》新冠軍，這，就是關心台灣？

——誰家非戰國？——

編導演導得好，讓人如沐春風；導不好，讓人如坐針氈。

台灣這齣戲到底是戰國，還是讚國？……

就看接下來編導演們怎麼做。

做完舞台劇《同學會》之後，忙了四個月的電視劇《我家是戰國》殺青，朋友看到劇名問：「這是穿越到戰國時代的古裝劇嗎？」不，不穿越、不前世今生、不灑狗血，就是你我身邊常見的三中家庭（中年、中產、中階主管）都會面臨的生活情境。

而且一集只一小時，拍完才播，跟現在的一晚上播二個半小時，邊拍邊播的超長壽連續劇不太一樣，還真得感謝八大電視願意做嘗試！

我們拍戲習慣取材自生活、取自社會，以喜劇包裝不同角色的驕傲與悲情，就像這次角色沒有好人、壞人之分，只是在不同位置有不同看法，能互相體貼、在哭哭笑中理解彼此的心結，才是一家人。

這回與兩位年輕導演合作，有天拍場夫妻擁抱的戲，拍完都覺得不對勁。問導演有多久沒抱老婆，他想了想說，最近工作太忙，好久沒抱了！當場忍不住對著他們分析夫妻之道（雖然我做的也不怎麼樣！），當老公的不能太大男人，該做的功課還是要做，不然夫妻不像夫妻，反成室友。一個家是「戰國」，但是有時會變「讚國」，就看怎麼相處，結果導演說拍戲最大收獲是他開始學著當個溫柔的男人！

國家，也跟家一樣，一國之內的各個族群都有自己的背景、驕傲與悲情。眼看台灣的新婆婆要當家了，以前當媳婦受人欺負，現在自己當婆婆看看如何對待媳婦，如果馬上要換掉祖宗相片，馬上又要分族分群，家族成員難免慌張！忽然想到印度的種姓制度，雖然印度已經讓賤民階級出身的人當選總統，卻還有人在手上綁著聖線標明自己是上流階級；台灣再也沒有人敢稱自己上流，怕的是我們未來社會在手上標示政治正確，政治總是不正確！

過年期間，社區鄰居用LINE群組聊天，聊到台灣年輕人，有人說只追求小確幸不夠努力，也有人說，年輕人的多元文化讓人驚艷，他很佩服！這些都是不同的價值觀。價值觀就像一個國家的氣候，無所謂對錯，但氣候會影響該地花草榮枯。也像一齣戲的編導演團隊，導得好，讓人如沐春風；導不好，讓人如坐針氈。至於台灣這齣戲到底是戰國，還是讚國？……就看接下來編導演們怎麼做。

人有獸相

華裔藝術家李小鏡的作品，特色是將人像與動物相片合成「混種」，「一群豬看電視」讓我印象深刻，到底是人看多了電視變豬，還是電視節目把觀眾當豬？

最近北美館正在展出李小鏡回顧展，年輕時看他將人像與動物相片以合成技術「混種」，五官相似、卻帶獸味，莫名恐怖，現在再看，真有感！原來欣賞的眼光會隨著時間改變。

其中夜生活系列，夜店裡半人半獸彷彿搜尋著獵物，真覺「人有獸相」，帶著似真似假的魔幻魅力。地球暖化現象讓他想像未來我們又將回到海裡成為魚人(Merman)，魚進化為人、人又變魚，進入另一種循環。

最讓我印象深刻的作品是一群豬看電視，其中意涵、各人詮釋，到底是人看多了電視變成豬？還是現在電視節目把觀眾當豬？

看著李小鏡的作品，想起《猩球崛起》裡那隻騎大黑馬的黑猩猩領袖凱薩，牠是我的偶像，眼神當中的睿智、堅忍，令人動容。這眼神我在老虎伍茲、丹佐華盛頓的眼中都看到過，彷彿壓力越大，目標越清晰。今年NBA季後賽騎士隊的LeBron James眼中也有那種氣魄，他肩負起重責大任，最後一場最後一節，只花兩秒便跑半場、躍起、給對手一超大火鍋，像隻大老鷹衝下抓魚，這拚鬥精神令人敬佩！

原本我是勇士球迷，喜歡柯瑞的貴族氣質，卻在季後賽當場倒戈，沒辦法，LeBron James的打法石破天驚、快如鬼魅，讓對手每一秒充滿驚嚇，讓球迷充滿驚奇。

我在洛杉磯參觀數字王國的最新VR技術，未來看球賽不光是攝影機觀點，還可以選擇球員觀點，真是親臨現場，太過癮了！以後大家必定要當當LeBron

James，透過VR重溫這隻超級火鍋，體驗一下當神的感受。

小S進軍大陸網路節目，宣傳片拍成凌虐，表現十分「獸性」，這是網路節目稱為的「網感」。想法、作法跟傳統電視都完全不一樣了！可能人人心目中都有一個獸性，如果我貼上去請李小鏡大師拍我，跟什麼動物合成呢？挑個流行的……「樹獺」好了！

舊新之間

中國致力新舊文化的跨界整合，一首東方搖滾，帶我們聽見了「中華文藝復興」。反觀台灣舊的不見，新的沒來，只留下了一陣唏噓。

上週看了張艾嘉導演的《相愛相親》，張導說隔壁廳正在放映《正義聯盟》，超重低音「砰砰砰」穿牆而來，效果十足，但她堅持電影裡「感情」很重要。電影裡三代女人談感情，加上時光發酵，就更有味道了。

譚維維在片中又演又唱，我很早就認識她，她來自四川，北漂到北京，她唱歌很特殊，比旁人多帶點使命感。在《中國之星》唱〈給你一點顏色〉，結合搖滾樂與陝西華陰老秦腔，請來農村老人敲著板凳當打擊樂、配上胡琴與吶喊，力道震撼全場，連崔健都動容，大家都沒想到「東方搖滾」能這麼威！

最近去北京擔任《我要上春晚》評審，發現老文化與新流行跨界合作已成主流，除了譚維維，《中國有嘻哈》有藏語蒙古語的嘻哈作品，另一節目用南美探戈搭配梁祝小提琴協奏曲，當我們拚命「去中國化」，大陸反而正在「復興中華文化」，珍視傳統，讓流行帶著文化，進入日常生活。

過去中國以「拆」出名，連紫禁城的古城牆都能拆了變二環。週末朋友帶我去北京市中心前門東區的胡同，原貌修繕完畢，東方文華將在這裡開設胡同酒店。旅客check in後搭黃包車到自己胡同房間，餐廳也分散在胡同裡，更酷的是裡面不全是旅館，還有居民的日常生活。巷口有小販，家家戶戶還是煮飯過日子，爬上屋頂就能遠眺紫禁城的天際線。攝氏一度低溫走在胡同裡，看著冬陽暖暖照在銀杏樹的黃葉上，襯著老屋的斑駁，自然想起嘉義眷村。

上個月遇到哥哥三十多年沒見的老友，他不知哥哥已經過世，我陪他回嘉義陪哥聊天，再吃個眷村麵，經過二〇〇五年就拆光的老家，至今仍是一片光禿停車場，舊的不見，新的沒來，只留下一陣唏噓。

好在還有點小興奮，美麗又有才氣的譚維維已經答應嫁給我們台灣去的演員陳亦飛，看著一堆女明星嫁到大陸，現在，總算賺回來一個！

奧斯卡的性格

美國總統川普想用墨西哥高牆阻移民，
奧斯卡卻將獎項頒給墨西哥裔執導的影片。
當外國藝人在關注平權議題的同時，
台灣媒體人卻在關心中風病患的「第五肢」……。

每次看奧斯卡頒獎典禮，忍不住想到台灣，規格當然不用相提，可是，典禮的性格，值得推敲。

好比政治圈有美國大川普政府想藉墨西哥高牆阻卻移民，奧斯卡卻選出墨西哥裔執導的《水底情深》為最佳影片，是巧合嗎？不，大家都知道這個晚上是好萊塢影視產業最重要的一晚，除了說笑話，更要傳遞價值。藝術與政治背道，形成巧妙平衡。

好萊塢有其商業面，但不怯與政治對抗。好比梅莉史翠普主演的《郵報：密戰》，報社老闆想把地方版報紙推上市，正尋求各方力量支持，卻在此時拿到關於越戰的重大內幕，足以動搖尼克森政府。報了，極可能會挨告入獄、事業崩解，當總編輯湯姆漢克為此輾轉反側，總編輯的太太說，你沒什麼好擔心，如果入獄，於你，是掛上勳章，但你的老闆才會真正家破人亡。最終還是幹了，因為出版，才有出版自由！

另一個重點，今年《敦克爾克》、《最黑暗的時刻》描述戰事極為出色，九十歲的奧斯卡特別開闢向軍人致敬的單元，影片剪接了好多戰爭電影，當《軍官與魔鬼》的黛咪摩爾說：「今晚什麼都不會傷害到我，因為有他們在顧！」身為軍人子弟，心情格外激動。因為台灣上街頭抗爭、發生意外的繆上校剛過世，我們的軍人保家衛國一生，卻被抹黑為搶奪民脂民膏的惡徒，只能嘆息。

而藝人們關心重點也不一樣，法蘭西斯麥朵曼以《意外》得到影后，送給全場二字「inclusion rider」，查了之後發現目前好萊塢是男性天下，這個行動將透過大牌們以法律附註條款確保提供女性平等的工作機會，未來能有更多女性展現才華。區區二字，影響深遠。

而我們呢？我們的媒體圈高層跟名嘴一樣，緊抱當政者大腿。而曾經擔任國策顧問的女藝人，最近則關切一個話題，她願意出錢找人幫中風病患刺激「第五肢」，因為可以「活血」，……真是關心方向不太一樣。

神力爆發的媒體時代

當代的影視創作愈來愈複雜，也更有想像力，
如何能帶給見多識廣的觀眾「前所未見」的感受，
將是創作者極大的挑戰。

最近《神力女超人》爆紅，我在家裡「三個神力女超人」脅迫之下，也只好乖乖相陪。看完，彷佛也神力上身，看到未來的世界。

《神》片真的很神，女孩子穿著馬甲配小短裙、帶著盾牌與劍出現在二次大戰的槍林彈雨中，用護腕擋子彈、用神力對抗納粹，卻鋪陳得非常合理，一點都不覺得荒謬。這就是電影，所有奇思妙想都能在大銀幕上讓觀眾信以成真。

當代影視創作的屬性越來越清晰，電影、電視、舞台，是三種個性截然不同的媒體。電影需要高度想像力，觀眾在電影院裡得到極大的滿足，這是電視所無法呈現的世界。

電視的優點是連結性，一演好幾季，無數意想不到的翻騰讓觀眾揪心，累積可觀的能量。過去電影明星排斥電視，但在各種付費平台加持下，電視影集已成顯學，連妮可基嫚都願意投身製作HBO影集《美麗心計》。而韓國明星更不分電影、電視，但若想看女明星露兩點或男明星的光屁股，還是得去電影院。

舞台則是另一種魔法，演員的表情動作對白都經過反覆演練，細膩到連觀眾的呼吸都考量在內，儘管同一個劇本，每次演出感受卻都不同，台上、台下會凝聚出不同的共鳴，因此珍貴。

好的創作者可以在三種舞台上穿梭，有想像力、有說故事的能力，又能細膩呈現，加上現在媒體環境極度複雜，活動、演出、影展、遊戲，有虛擬、有真實，還有虛擬結合真實，世界極為寬廣，但挑戰難度也空前困難，因為現在的觀眾見多識廣，如何「前所未見」，更為艱困。

好在還有種「台灣怪象」，所有觀眾早預測到劇情發展，卻還能捧場兩、三百集，讓電視台老闆大神附體，覺得自己能左右民意，甚至透過旗下名嘴政論節目互鬥，操控時局、想當總統的總統。……以上所說，可見有好多的題材，前所未見，年輕人快來創作，不要學王偉忠等老一代台灣影視和媒體人的作法！（這篇文章是吾家三位女超人逼我寫的！）

一韓國有三多一

三十多年前第一次到「漢城」，政治氣氛肅殺，午夜十二點還有宵禁。這回再訪韓國，除了見證優越的影視工業，在街上也發現三個特殊現象！

上週專程去韓國看藉由真人偶像演出所製作的立體投影全息演唱會，參觀MBC與SM Town兩棟影視大樓。這裡是韓粉天堂，可以跟心儀偶像拍虛擬合照、演戲、唱歌。回想當年韓國想發展綜藝節目時還特別來台灣取經，歲月悠悠、此消彼長，格外有感觸。

記得第一次去韓國，是三十多年前拍《全球大進擊》外景。那年首爾還叫漢城，尚未舉辦一九八八奧運，政治氣氛肅殺，半夜十二點還宵禁、不准外出。我們透過關係進入施工中的奧運體育場，看著宏偉建築，真心覺得韓國人做事確實有一套，一面蓋國際標準的新體育場、一面還是保持古風，政府投資拍攝歷史劇，宣揚傳統。

漢城奧運後，果然讓韓國人自信心大增，社會氣氛跟二〇〇八北京奧運後的中國很像，後來開始了漢江奇蹟，也經歷亞洲金融風暴，蛻變成現在的韓國。這裡還是保有傳統，像年輕人與長輩喝酒，一定側面掩口以示尊重，同行的外國同事看了也學著撇頭飲酒，好像不敢正視我的小眼睛。

這回注意到韓國街頭有三多，消費多、抱孩子的年輕人多、正在整形的人也多。而且韓國任何東西都能整型後大量推出，從路上神似賓利、賓士的韓國車，到相貌雷同的偶像團體。當日本還在以工匠精神精雕細琢，韓國已經搶進複製、用工業化量產，將市場吃乾抹淨。

這讓我想到太陽馬戲團，以前對他們的演出趨之若鶩，但東西再好，還是必須創新，因為「久利之財不可取」，easy money 其實是警訊，因為總會見底，想守成等新招變老、再來想辦法，只怕為時已晚。就像台灣電視圈都在複製談話性節目，結果拉低製作成本，扼殺創作空間，市場失去動能，只能看著韓國蓬勃的影視工業興嘆。

韓國行吃太辣，回台後我一邊拉肚子、一邊分析台北即將舉辦世大運幫全民打氣建立自信的機率，想著想著，我也想學韓國人喝酒時頭撇過去，因為實在不忍正視我們從影視到現在的某些心境啊！

不哭的自由

中共閱兵那天，范范在臉書上貼了孩子的照片，
結果被中國網友炮轟；撤下後，又輪到台灣網友攻擊。
包容這件事說來容易，做起來卻難。

上週看了《聶隱娘》。作為一稱職觀眾，先讀紀錄拍攝過程的《行雲記》，又讀電影背景資料，才敢進入電影院；老婆什麼都沒讀，她說，浪漫一點，我帶咖啡、你帶酒，都藏在保溫杯裡！

每個導演都想拍武俠，侯導的俠客跟他本人一樣質樸，不飛天遁地，老老實實走路去殺人，老實喀擦人家的喉管，不會像《侏羅紀世界》的恐龍這般飛撲過來吞人。

整部電影不說故事，像翻看唐代的古書、古畫冊，一頁一頁翻過，很美的電影詩篇。

老婆看完說，進電影院就是希望電影來服務她，不是她服務電影！當場真想罵她「村婦！」來討好侯導……。

《聶隱娘》的「一個人，沒有同類」，讓我聯想起洪秀柱，她就是這樣的處境，黨內同志不支持，黨外攻擊沒停過，一人獨行。其實在自媒體時代，不光是她，任何人都可能因為小事而成為孤獨隱娘，成為網路攻擊目標，引來漫天飛舞的惡言。

中共閱兵那天，范范照例在臉書上貼出孩子照片，大陸網友瘋狂攻擊，「怎麼可以不看閱兵?!」范范在壓力下道歉，結果輪到台灣網友瘋狂攻擊，「怎麼可以道歉?!」

想起莫言領取諾貝爾文學獎時的一段話：「當眾人都哭時，應該允許有的人不哭，當哭成為一種表演時，更應該允許有的人不哭。」這話說來容易，要包容別人的不同，很難。

就像最近有篇文章《因為我們沒有共同的歷史記憶》，作者是廖信忠，他告訴大家為何在台灣許多人互相想法不同，因為兩岸在二次世界大戰前五十年完全沒有共同的歷史經驗。他看到鄰居老先生的舊傷，以為是日軍炸的，後來讀歷史才知台灣在大戰中的炸彈都是美軍扔的！這些不同的歷史沒有對錯，重點是我們能不能包容旁人不同的記憶。

朋友問，若記憶差異會導致意見分歧，美國應該更撕裂，因為每個新移民的歷史都不同；我說，可能是美國的資源多、地方大，不必搶同一塊餅吃，轉個彎就能共求生存。

說著說著想起了另一部電影《遺落境地》，一支球隊因空難漂到荒島上，本來還同心協力，但小島資源有限，大家都怕餓死，後來逐漸為了一塊麵包、一瓶水而互相攻擊。台灣不算很大的島，難道……哎呀！我可不能再聯想！還有……上述我老婆看《聶隱娘》那段，別給她看，她不見得會「包容」我！

——這新聞在歷史上發生過——

所有事情歷史上都發生過！該怎麼呈現真實的台灣呢？
想來想去，決定在《周末熊新聞》開個新單元
《這新聞在歷史上發生過》。

上週看了李崗監製的紀錄片《阿罩霧風雲》，很高興他終於拍出了心底話。李崗是個有理想性格的人，很喜歡電影，國際大導演李安是他哥哥，李安的每部電影都能突破文化界限拍出自己的味道，我猜，有這樣的哥哥日子一定悶，就像每次我們一同打球都李崗贏，我當然悶。

幾年前李崗受到星光大道參賽者感動，花錢拍《星光傳奇》紀錄片，後來票房未如理想，但我一直跟他說過幾年再回頭看，這部作品仍舊精彩！《阿罩霧》是他與同

一位紀錄片導演許明淳經營了五年的作品，發現許導演年紀輕輕竟已拍出一頭灰髮，可以想見其中艱辛。

李崗一直介意為何外省人第二代就必須背著「不愛台灣」的原罪，選擇林家，是他想用自己的方法詮釋台灣。林家的故事就是個移民家庭的故事，經歷了招降、鬥爭、叛變等，核心問題一直是「該如何生存下去」。這是每個家庭都會面臨的處境，必須團結、妥協、在矛盾當中找方法解決，不論原住民、漢族、荷蘭人、外省人、新移民，都有同樣的心路歷程。因此《阿罩霧》是林家的故事，卻也是你家、我家的縮影，套句流行語：「林家就是我家」，所有事情歷史上都發生過。

說來也奇怪，除了紀錄片，台灣的影視作品往往看不到真正的台灣，不是太寓言、就是太婆媽，其他地區的戲反而引起共鳴。

像最近轟動的日劇《半澤直樹》描繪上班族心情絲絲入扣；而大陸的時代劇越來越貼近真實，像大陸片《北京遇上西雅圖》取材移民到美國的這群人，將變動極大的大陸社會描寫得很透徹。上週在北京的《智族GQ》頒獎典禮上領年度人物獎，遇到《北》片男主角吳秀波，他在電影裡明明是個灰髮中年人，本尊卻很年輕，帶著歐洲人的味道，型真好！

後來吳秀波跟我打招呼，我說：「我老婆非常迷你，看了電影就整天說天底下沒這麼好的男人，看到《GQ》封面的你，又告訴我，天底下沒這麼帥的男人！所以我這杯酒就不敬你了！直接潑你臉上！」他笑得很樂。而我這老男人則發現帥老頭的角色可不能真找老頭來演，得找個帥哥演成老頭才行！

至於該怎麼呈現真實的台灣呢？想來想去，決定在《周末熊新聞》開個新單元〈這新聞在歷史上發生過〉，像最近的馬王之爭，明朝見過、清朝也見過，你看，那個人是崇禎，還是小康熙……是鰲拜還是魏忠賢……那些人是軍機處還是東廠……啊！不過找來找去，怎麼找不到韋小寶……現實太乏味了！

板機指效應

五十肩、六十指，真不敢相信我也有板機指……

可能用中指罵人罵太多！手術後一堆媽媽問痛不痛，

我馬上發揮《康熙》精神，表情痛苦說：「哎喲～痛死了！」

人總以為自己很特別，別人發生的事，肯定不會出現在我這麼special的人身上。直到右手中指有點卡卡的，要直、不直，要彎、不彎。媽看我不停伸手指，稀鬆平常的說，這就是板機指，你姐也有！所謂「五十肩、六十指」，就是這回事！

聽了震驚，真不敢相信我這麼愛運動、極度注重身心健康，又沒有五十肩的人，怎麼會有板機指！趕緊看醫生，打類固醇，症狀沒減輕。不禁有點悲涼，怎麼早上起床，該舉的不舉、該直的都彎了……。

朋友告知，台灣醫生研發出獨特的皮層穿刺手術，不必動刀，醫生憑觸感與經驗判斷手指韌帶沾黏的部位，用個細針穿進手掌挑一挑，立即復原。我心想：太神了！這不等於在米粒上雕出師表的盲雕嗎？試試吧！於是上午就診、下午排隊動手術。

護士一喊：「板機指的病人請過來！」二十多個病患站起來，主要是有些年紀的女性，只有我與另一男性。醫生說，女性常因做家事導致韌帶使用過度，因而引起板機指，探問另一男性做哪行，他說：「我用電腦看股票！」應是滑鼠用過度；一位歐巴桑問我為何也來，我回：「可能用中指罵人罵太多！」

任何事情都像板機指，總有個起因，康永請辭《康熙》，引起華人世界關注，很多人追問原因。一個節目十二年，難免有其原因。尤其康永非常體貼又成熟理性，為了顧及人情世故、公司營運，在決定請辭之前與我深聊多時。我們老兄弟一場，能體會他在紅塵中翻滾的感受，必須尊重他想掌控自己生活的決心。

十二年來電視圈環境變化太大，《康熙》是個特殊的存在，偶爾真心幼稚一下，人生無厘頭一番，是兩岸之間難得的共通心情。尤其後來節目成為台灣外銷通路，台灣影視人物，一夜之間就能打開知名度，少有節目能有這般影響力，理應結合3C（CONTENT、COMMUNITY、COMMERCE）打響品牌，但環境跟不上，一路面臨嚴峻挑戰，更遑論發展3C。但我更深的遺憾在於放下娛樂責任之後，台灣少了個與華人世界一同呼吸的窗口。不過好萊塢人士有個口頭禪「show must go on……」所以未來如何，還得努力！

話說回來，板機指手術花五分鐘完成後，診療間外面一堆媽媽問我痛不痛，我馬上發揮《康熙》精神，偶而真心幼稚一下，舉著右手做出痛苦的表情說：「哎喲～！痛死了！」隨即又說：「騙妳們的啦！」眾歐巴桑一陣毒罵！

找觀眾還是找知己

迎向人生的未來，想找「觀眾」，
觀眾越喜愛必定越挑剔；
找「知己」，意謂著掌聲少，寂寞但堅強。

這個夏天颱風不多，整整一百天在兩岸跑來跑去，完成了《中國夢之聲》的評審工作，新鮮有趣，看到不同的世界。

大陸的電視節目過去以歷史劇獨尊，近年來時代劇《蝸居》、《失戀33天》找到了觀眾，綜藝節目則大量引進國外版權，讓五大衛視——東方、湖南、江蘇、浙江、安徽收視拚得火熱。過去偶像都來自香港或台灣，這回《中國夢之聲》挑明找偶像，但海選太難，有草原、麗江、蒙古、東北、美聲、山歌、民族、都會流行，型態太多，看完眼都花了，真是大開眼界。

不論《星光》或是《夢之聲》，選秀孩子們共同的特色是出身都很辛苦，似乎不苦不會進演藝圈，能在家庭庇佑下好好讀書、工作，又何必做這行！往往苦孩子才生存下來，因為成也苦、不成也苦，過程中都苦。紅了，許多人來沾光，要盡力維護名譽，卻難免沾惹一身腥。

一百天來一路較勁，最後李祥祥、央吉瑪進入總決賽，兩人路數截然不同。

央吉瑪是藏人女孩，上節目想宣揚門巴古調，常演唱母語創作，製作單位曾希望她的樂風顧慮一下通俗市場，但唱了一回王菲、受到很大打擊，央吉瑪說：「人生太短，來不及模仿別人」，堅定走自己的路。

冠軍李祥祥很像羅志祥，能唱各種路線的歌曲，得到最大公約數的支持。最後一集收視拿下當天冠軍，動輒好幾億觀眾，讓李祥祥成為名符其實的中國偶像。

選秀像人生，有人追求大眾肯定，有人終其一生默默找知己。如果我是央吉瑪，會以亞軍為榮，因為堅持做自己，求仁得仁。

上週，大女兒十八歲生日，她從五歲開始的好朋友們齊聚一堂慶祝。老婆說，這種場合我應該與女兒共舞，想法很好，但真要在大家面前跳舞，很尷尬……。老婆從小沒啥青春、更沒有一同長大的朋友，十八歲時父親重病在床，她必須打工養家，直到生養孩子才陪著女兒享受到童年與青春，所以偶爾穿著青春一點，我怎麼敢怪她。在老婆堅持之下，我與女兒跳了一支布魯斯，幫她圓了與父親共舞的夢。

大女兒穿著洋裝、高跟鞋，幾乎跟我平高，右手托著她的手膀、好扎實的感覺，想著她的未來，要在茫茫人海，廣大社會中做人做事，是找「觀眾」？還是找「知己」？任何選擇都要付出代價，想找「觀眾」，觀眾越喜愛必定越挑剔；找「知己」，意謂著掌聲少，寂寞但堅強。回想十八歲的我，一心想要找觀眾；即使現在將往八十歲奔去，好像還在找觀眾。但奇怪了，觀眾越找越少……，知己呢？如果您還看我專欄，謝謝了！

——聽我講完好不好？——

台灣民眾一看到爭議就急著選邊站，
舉凡多元婚姻、服貿都有這現象，其實，
先聽完別人的意見，理解思考之後再表態也不遲。

最近接了對岸新節目《中國達人秀》，跟劉燁、趙薇、蘇有朋一起當評審，看五湖四海各色才藝，邊看邊想到一句話，「天才與神經病往往只是一線之隔」，經營好、成天才；經營不好，變神經病！很欣賞其中幾位出色雜技演員跨界跳現代舞，他們一身強技仍追求「美」，希望將多年硬功夫融入美感，看了真感動。

近年總覺得「江湖跑老、膽子跑小」，在這行久了，早忘當年初衷，能看到這麼多參賽者在鏡頭前享受表演帶來的樂趣與熱情，對幕前幕後跑老的我們都有幫助。

艾倫狄波頓在《我愛身分地位》當中說到，每種身分地位都焦慮，很多人選擇繼續往上爬，以為這樣能帶來更多的快樂，可是有時候降低目標與提高目標一樣有用。因為員外有員外的壓力；管家有管家的苦惱。以往階級分明，眾人像印度的種姓制度相安無事，祈禱來生再進階；現在豪宅隔壁的平民近距離看得到有錢人吃香喝辣，總會妒忌、不爽、帶來鬥爭。

艾倫在書裡以印地安人為例，長期偶爾殺美國野牛，等西班牙人來了，用高價收購牛皮，大量殺牛讓一個部落富了起來，另一個部落不平衡，兩邊都焦慮，開始攻擊彼此。原本印地安人生活就是工作，節奏貼著大自然；後來卻為了生活而工作，忘了自己是誰。

認清自己很重要，像上週看到屏東的將軍村希望轉型為文創園區。我對眷村有使命感，興沖沖拉朋友聽說明會，卻發現十一月底才公布，十二月底就要審案，短短一個月就能成案？頂多又是另一個讓觀光客吃吃、喝喝、聽聽音樂的「文創」。政府施政往往講求時效，忘了要先認清自己。每個眷村個性不同，最後卻都成「吃喝案」，久了，大家還真以為所謂「台灣文創」就是吃吃、喝喝、聽聽音樂，更不可能像韓劇、迪士尼卡通形成產業外銷國外。

如果台灣注定要以內銷市場的吃吃、喝喝、聽聽音樂作為定位，也行，得做得扎實、順天愛人，也是一條好路。最怕就是受點刺激又面臨定位焦慮、一看到爭議就急著選邊站，舉凡多元婚姻、服貿都有這現象。到底支持者支持什麼？反對者反對什麼？很多時候遊行的人也搞不清楚，把遊行弄得像參加路跑。很多事情最好別太快反應，能聽完別人的意見，理解思考之後再表態也不遲。

好比看個《怒海劫》，湯姆漢克船長遭到海盜勒贖，美國政府派出兩艘驅逐艦、一艘航空母艦外加海豹部隊高規格救援，女兒看完之後幽幽一句：「當美國人真好……我們有海軍嗎？」我建議台灣不需要海軍，諸位不必急著開罵，聽我講完好不好？換個角度，請美國海軍與中國海軍都來台灣吃吃、喝喝、聽聽音樂，不也達到護衛的效果……哎呦，有人丟鞋！

V

當個成熟的老人

學習當個成熟的老人

每個人都會老，初老就像另一段青春期，需要時間適應與學習。老是什麼？電影說是學著量力而為，學著當個成熟的老人，找出自己看得順眼的「老樣」。

最近年金改革底定，資深公務員貼個自家煮的四菜一湯照片，說開始縮衣節食，結果讓網友酸爆！真心覺得年輕人不需要這樣，因為每個人都會老，尤其年紀愈長、愈會擔憂未來無依。初老就像另一段青春期，看著身體變形，很多感覺都跟過去不同，需要時間來適應、學習。

以前老人家希望生於憂患、死於安樂；但近七十年沒有內戰（希望不會講得太早），讓我們這代想要更多，老了還希望能過喜歡的日子。這些改變反映在電影上，年過七十還是可以擔任大片主角，從勞勃狄尼洛的《高年級實習生》開始，近期安妮特班寧的《最後相愛的日子》、《高年級姊妹會》裡珍芳達、戴安基頓等四個老太太還一起讀情欲小說，為何如此？因為觀眾的年齡層也提高了。

年輕觀眾喜歡享受聲光效果，注重電影的爽度；但對銀髮人士來說，看電影是種習慣。年輕時，可以星期一打電話，約好星期六在電影院見面，時間到了，就算在售票口前枯等一小時，也確信對方一定會出現。對這批觀眾來說，看電影依舊像朝聖，還是想從電影裡得到啟發。

老是什麼？電影裡說，學著往後退、學著量力而為、學著不再當耀眼大明星。但，還是可以忠於自我，當自己心中的大明星。學著當個成熟的老人，找出自己看得順眼的「老樣」。

人當然可以不服老，做些微整形保持自信，但真的不宜做太多，像普丁，把臉繃得跟個足球似的！珊卓布拉克過去演的戲好，最近《瞞天過海：八面玲瓏》裡卻整得像麥可傑克遜，臉都硬了，多可惜！但她也不是特例，日前去名攝影師婚宴，進去一看，唉呦！好幾位麥可傑克遜！

老了不必降格以求，但可以拋開些面子、去掉些堅持。好比過去當武術大師，雙掌一發、可以震翻十多名徒弟。現在還想接受搏擊高手踢館，結果〇・六秒被打趴在地上嗎？不如就改稱自己是「舞蹈大師」……畢竟上了年紀，身段軟一點，想法新一點，比較重要！

道歉與原諒

道歉與原諒從來就不是容易的事，好比促轉會的「東廠說」、謝長廷面對日本風災指責，都是先諉過再說。「爭功諉過」是人性，看苗頭不對就道歉，過了風頭又跩起來。

最近老婆不在家，週末風大雨大，想吃火鍋，開車到臨沂街的「鍋膳」外帶。忽然路旁修車廠倒出一輛車，「砰！」撞上我！以前一定火冒三丈，這回告訴自己，要改變！

滂沱大雨中，路小、車多，卡著真尷尬，肇事者開口連番道歉：「我錯、是我錯！」又來了輛大卡車兵臨城下，心一軟，先移路邊吧！等現場一破壞，對方態度立刻轉變說：「賠錢就好了吧！」我回：「手續總要辦完！」請同事趕來處理。

一番折騰總算到家，吃著「車禍後火鍋」，看MOD裡改編自真人實事的韓國電影《她們的故事》，描寫幾位韓國慰安婦跨海提告日本政府，原本連韓國人都看不起她們，但在一位女社長奔走支持下，老婦們鼓起勇氣對日本法官陳述遭遇。韓國人透過新聞體會她們終身承受的身心靈創傷，才改變輿論，大力聲援。

當主角之一的老奶奶與當年送她去日本「做工」的日本女老師在法庭上見面，老師道歉痛哭，她給予擁抱，我這大男人在火鍋前哭了起來。

道歉與原諒都不是容易的事。好比促轉會的「東廠說」，不分朝野都給予譴責，剛覺得社會進化不徇私，又出現諉過與指責。

日本淹水、地震時，政治老鳥、駐日代表謝長廷面對指責也是先諉過再說！想想我們台灣慰安婦，日本人確實來了，不僅不是來道歉談賠償，還提起腳踹她們的銅像！唉，歷史，就是一連串愚蠢的「肇禍史」，看苗頭不對就道歉，風頭過了再跩起來。「爭功諉過」是人性，撞我車的老兄也是如此。

好在民進黨政府仍有值得肯定之處，起碼官股把持的中華電信MOD讓《她們的故事》上架，沒因「慰安婦」敏感字眼當成禁片，董事長鄭優有膽識！奇怪，我們執政黨怎麼找不到像韓國女社長這類型的女性領導者，幫慰安婦出頭？喔！有了……呂……秀蓮?!

對了，還有件事，車禍處理完，肇事者還皮皮地說：「我剛聽到你罵我三字經喔！」不知我為何反應這麼快，秒回：「喔，那是我在練肖話！」

餘命該做什麼

餘多久？命多長？我們不能控制，到了這年紀，「國」、「家」二字，到底是輕？是重？很難說。但任何族群的故事都不該遺忘，當權者如何處理各族群問題，也會在後代記憶裡留下痕跡。

週一從上海回台灣，出境遇到很有禮貌的上海海關；入境遇到兩位女性檢疫人員和顏悅色，兩岸公務員態度極好，非常意外，尤其最近台灣公教年金大幅調降，卻不影響工作態度，真敬業。

最近大學同學鳥人劉克襄公務加身，當中央社董事長，他說，想用餘命為國家拚一下。LINE的大學群組裡有人恭喜、有人力勸不要跳火坑、有人建議他做點事。讓我開始思考我的「餘命」該做些什麼？

餘多久？命多長？我們不能控制，到了這年紀，「國」、「家」二字，到底是輕？是重？很難說。我想用餘命為誰服務？為國家？為公益？為家人？為自己？其實每個選項都沒那麼大，但也沒那麼小。

身為眷村孩子，難免要幫自己族群講講話。這次去上海是為了《寶島一村》舞台劇，目前公演九年、在全球演出二二三場，明年第十年要回台灣。我很感謝能有《寶島一村》，人生至幸就是「失而復得」，這戲重建了被拆掉的村子，演員們喚回了失去的親人，十年過去再看這戲，仍有時代意義。我堅信任何族群的故事都不該遺忘，要把故事傳給子子孫孫，當權者如何處理各族群問題，也會在後代記憶裡留下痕跡。

小英總統說，年金改革所有責難到她為止，還說：「沒有人會因改革而活不下去」，企圖效法耶穌背起十字架，呼籲大家共體時艱。不過政府與人民之間的關係有點像求婚，倘若其中一人對著姑娘說：「嫁給我，放心，你一定不會因為我而活不下去！」誰敢嫁！老娘的餘命，為什麼只配「活得下去」？就算共體時艱，也要許我一個未來！

尤其目前美國艦隊要來靠岸，以前我們打美國牌制衡對岸，現在美國拿台灣來牽制中國，不能兩岸一家親，反而「兩岸一家整」，都讓美國給整了！我們的餘命，挺糾結的！

思考良久，好！如果各位讀者不嫌棄，我決定餘命仍舊繼續在《今周刊》寫專欄給大家看，本來一週一次，現在兩週一次，將來有可能一個月一次，漸漸地……媽的！餘命就沒了！

管國家像管大樓

台灣社區管委會開起會來，就好比國家搞政治，
任何爭議都各有派系；管理國家也像管大樓，
棘手問題老換來一句「再開會」，正反方都堅持「該聽我的」。

搬到新家將近十年，從沒參加過管委會會議，都由老婆出面。前幾天老婆說：「王偉忠，你不是藝術家，要多接觸世俗的事情！」奉派出席。

有人說台灣社區管委會，開起會來還挺像搞政治的。大小爭議都造成派系，而且派中有派，有的像國民黨、有的像民進黨，甚至還有從中取巧的時代力量，用奇奇怪怪的手段拉左打右、拉右打左，也有人堅持己見猛放炮，當然更不缺不出席也不願表態的沉默螺旋。我同學退休做社區主委，每次「同學會」都罵他們住戶個個是王

八蛋。

管理國家與管理大樓最不可思議的雷同在於會而不議、議而不決，爭議問題怎麼解決？那……再開會好了。

我們住戶之中不乏各界專家，有人想提高效率，以往向管理員反映鄰居太吵，管理員通知主委、主委在月會上討論，再通知住戶改善，太慢。改進方法是住戶加入同一社群，手指動一動就可即時反映，向前跨一大步。

時代在改變，有鄰居提到委外用僵化的SOP管理社區已經落伍，畢竟「人無恆產無恆心」，外人怎麼都比不上自己盡心，以人工智慧監視系統取代部分保全，住戶也可因各社區的不同需要，自行設計制度來管理「我們的家」，彼此互相關心，才更安全。

管國家，也像管大樓，任何議題都是自己的事，而不是「他們」的事。

最近婚姻平權話題火熱，上健身房看到兩方支持者意見不合，差點打起來，有趣的是兩邊都說言論自由，卻也都說你該聽我的。我是個俗辣，不敢表示意見，深怕讓人指著鼻子罵。

可能純直男真沒什麼藝術細胞（我輸了），影視圈裡同志特別多，看著太多同志覺得人生短暫而孤獨，更迅速燒光自己，令人心疼。若從恆產、恆心角度來看，感情、成家與擁有孩子，都能讓人深刻體會到世界不是只有自己，讓努力更有目標，婚姻平權不是壞事。

在地圖上台灣不大，就是個兩千多萬人的小社區，想結婚的這些人不是別人，都是我們的自己人。好了，現在要選新主委了，大家在看我，我要開始裝死了！

—怎麼辦清單—

中年男人碰到狀況，會開始煩心，家怎麼辦？事業怎麼辦？年紀越大，「怎麼辦清單」越零碎，才發現，有個堅強的伴侶在身邊，很重要。

最近動了個心導管小手術，有些「心」聲，與諸位分享。

這些年常出差，異地工作確實辛苦，人生地不熟，相對壓力大，有時會覺得心悸。

小時也曾心悸，那時的我就像從嘉義北上的平快車，才剛到民雄，哐咚哐咚，跑得順暢，心臟會為了打籃球、跑步、逗美眉砰砰跳，都在揮灑生命！很過癮！

但五十後是不同風景，不久前到上海演《寶島一村》，演出中，阿綱突然心臟不適，村民們個個擔心，好在後來吉人天相。我趕緊檢查心臟，醫生發現阻塞、建議我做心導管。雖是小手術，但仍有危險。

中年男人一碰到狀況，當場出現一堆「怎麼辦？」家怎麼辦？孩子怎麼辦？事業怎麼辦？高爾夫下坡推桿還是沒打好怎麼辦？年紀越大，「怎麼辦清單」越零碎，光想無益，還是得面對。

許多男人一輩子抬頭挺胸，可是一生病，就像洩了氣的黃色小鴨，懨了！以前認為女性比較弱，現在發現女人真強悍，可能是每個月的新陳代謝讓身體不斷更新，面對疾病還是虎虎生風！我們的舞台劇《室友》裡的角色就有感而發地說：「以前她沒有我，是她活不下去；現在我沒有她，是我活不下去！」有個堅強的伴侶在身邊，真的重要！

術後恢復良好，深感科技進步！我想，未來任何生理疾病，終將都能透過精密手術處理，延長壽命，但社會、環境、貧富差距下的心理疾病將更嚴重，因為無從更換零件，結果就是心臟好醫、心情難醫！

以為一切處理妥當之際，記者得知消息，老媽平日在電腦上打麻將、看劇，偶爾看看電視，沒想到一眼瞄到新聞台跑馬燈竟寫著王偉忠心導管云云，把她嚇了一大跳，我趕緊解釋，心導管不是往心臟上插一根管子！她才安心。

親朋好友諸多關心，再次感謝！另外，收到偏方甚多，從喝木耳水到服七味粉，喔不，田七粉，應有盡有，五花八門，歡迎各位「心友」索取！

—「變」的體悟—

隨著時代光景之變遷，落伍觀念亦需要改變。

「變」是件好事，也讓人有深刻體悟。

你說是吧！新年快樂！

二〇一七年底，把累積一整年的專欄從頭到尾重讀一遍，已成習慣，從中看出自己的心態變化。在這二十六回中，還真看到了一八年的代表字——「茫」，更意外的是在最後一週有了「變」的體悟。

近年覺得電視過於快速，轉而投注些時間精力在舞台劇，做監製、演員也當導演，有了些經驗。最後一週，特別觀賞了香港大導演林奕華的舞台劇《聊齋》，藝術性很強，與我們的風格很不一樣，讓我深刻體會到「傳播」與「藝術」是兩回事。

前者習慣把事情說清楚；後者，則留下很多空間供人想像，就像寫實畫與抽象畫的差異。有時候，換種口味、來點變化是別有風味，但也擔心觀眾的想像力不足，看不懂整齣戲的旨趣。

最近看到政府也打算變一變，修法開放移民。我覺得想法不錯，應該委由外國人幫忙開發台灣景點，因為他們看到的台灣，跟我們真的不一樣。

好比這些年去日本滑雪，發現北海道的NISEKO變化很大。過去滑雪客以日本人為主，我們雖然常去，總覺得語言不通、溝通不便，但最近幾年澳洲人愛上了這裡，覺得此地的粉雪又輕又鬆，非常好滑，遠比澳洲雪好。於是他們幫日本業者整合資源重新包裝，協助NISEKO國際化，不只英語化，還吸引各國學生來這裡打工換宿，接待外籍遊客，說英語、說中文都能通，更覺賓至如歸。幾年下來，NISEKO已經變成比阿爾卑斯山還熱門的國際滑雪景點了。

時代在變，很多想法、作法都該改變。看了好幾年一〇一煙火，今年決定來個新嘗試。孩子約朋友們來家裡跨年，我趁著小做裝修，在家裡看得到一〇一的窗戶上放了個畫框，家裡像有了幅會動的畫，這些孩子們還自備ＤＪ台，玩得很開心。看看明年跨年，各縣市有無其他新意，別一定「煙火、搭台、姐姐……跨年人，在天涯！」

其實，在哪裡跨年都好，怎麼變化也都好，重點是能帶著笑意相聚！

——如何與龐大生物相處——

對岸當然是龐大的存在，相處起來更加微妙，
／該怎麼面對這龐然大物、該怎麼熟悉彼此節奏，
都是藝術。

從小出了點名，讓我在社會上占了點便宜，但也有些奇怪的難關，像考駕照。

雖然早會開車，但想到跟一群人擠著考試，便一拖再拖，四十歲才硬著頭皮參加駕訓班、考試，終於合法上路。

這種心情很複雜，人往往就得硬著頭皮才能跨進新領域。小時候看西部片，克林伊斯威特拿出填裝六顆子彈的左輪手槍，卻能連砰八人，太神！自然想當牛仔學騎

馬，就這樣從童年肖想到初老，總算如願。

真站在馬前面，發現馬好高大。人與人之間有共同語言，溝通尚且困難；人不會馬嘶、馬不通人語，該怎麼跟馬這龐然大物相處？

教練說，緊張將導致肌肉緊繃、重量更重，馬這種膽小、敏感、力量大的草食動物可以從我的肢體察覺情緒，當然跟著緊張。因此馬術的英文horsemanship，追求人馬合一，不靠力量硬拽硬騎，而是順勢而為。感受牠的動作與節奏、配合牠跑步做出挺腰的打浪、壓浪，牠也會察覺我輕微拉著韁繩帶動口銜的方向。當馬「受銜」，代表願意接受我的指揮，我們都可以放鬆而專心地享受這段時光。

有位朋友仗著大膽自學，跳上馬後硬騎，馬當然不肯受銜、連連對撞（bounce），整整摔了四次，人累、馬也累，還是得從頭學起，重新建立人馬關係。

六十初老、發現天下萬物都能累積點經驗，啟發點哲學思維。對岸當然是龐大的存在，相處起來更加微妙，該怎麼面對這龐然大物、該怎麼熟悉彼此節奏，都是藝術。千萬不能動輒來個柯氏對撞，bounce到雙方都頭昏眼花。

這次肯亞詐騙案的司法管轄爭議，我們還沒跟對岸碰撞，立委跟官員先撞得滿頭包，互不受銜，民粹、官粹都蓬勃發展而且網感強烈，越撞掌聲越多，但大家在這事件上只想討掌聲嗎？聽說羅部長年輕時寫過連環泡劇本，依此推斷，那時我有劇本「管轄權」，而年少輕狂的我愛丟劇本，如果……！那對不起了……！

天下無不是的老師？

這輩子，讓我感念的老師很多，但也有過惡夢一般的經歷，
直到現在都忘不掉。想來人生遇不遇得到好老師，
得碰運氣，那麼，教師節放不放假，也能交給老天決定?!

今年教師節在梅姬作主下全民放假，總算不必糾結。老師，說穿了就是一種職業，這輩子遇過幾十位老師，還記得幾人？我當然遇到許多終身感念的好老師，但有些老師真像惡夢，一輩子忘不掉。

高中時，我曾與眷村好友密謀綁架英文老師的小孩，詳查他孩子搭幼稚園車上下學的時間與路線（我爸就是這家幼稚園的駕駛），規畫分工、人質藏身處，但這計畫爛透了，從頭到尾沒想清楚到底想勒索什麼？是要求老師讓王偉忠英文過關？這不

等於直接破案！

而且這群好哥們良莠不齊，其中綽號叫「大老美」的長相根本是外國人，連混進電影院看霸王戲都沒法像我們指指前面說：「我爸在前面，」直接讓收票員打槍；若當綁匪，豈不醒目到滿街都是目擊者，最後自然無疾而終！

高中生會想出如此可惡計畫，必有可憐之處。英文老師在家裡開補習班，考試專考上課沒教、但補習教過的單字，去補習，成績就好；不補，絕對不及格，於是我的英文成績一落千丈。眼看數學及格無望，英文再不及格，一定留級。痛苦之餘拜託媽媽讓我補習，媽媽說，家裡沒錢！爸爸比較理解社會上的「潛規則」，湊了錢、陪我上老師家。

老師的透天厝門口燒了許多盤蚊香，那味道直衝腦門，暈眩之餘看著爸爸對老師鞠躬說：「偉忠就拜託老師了！」沒讓爸爸感到光榮也罷，還讓他低聲下氣拜託人，那天我非常心酸難受。

後來英文成績果然從四十分直奔八十，可是沒有一絲欣喜。考上大學後回學校，發現老師帶著孩子在泳池游泳，立刻叫齊狐群狗黨，還沒想好該怎麼「處理」，教官先發現我們心懷不軌，他大吼一聲：「王偉忠，你幹什麼？」我們立刻鳥獸散。

時至今日，六十歲的我眼看就要進入長照計畫，每次聞到蚊香味，都會想起這場惡夢。人生會不會遇到好老師有些碰運氣，所以以後教師節放不放假，還是由老天做決定吧?!

—理想的新年—

元旦時看了兩場電影，

《翻轉幸福》的女性「勵志」情節，讓妻子哭了；

而《真相急先鋒》則是描述過往新聞冒險探求真相的使命感，讓人動容。

新年開始，照例要跨年，今年選擇小聚，與家人在一〇一旁邊吃飯，抬頭就能看盛大煙火。小女兒循往例缺席，我想她確實遺傳了爺爺的「村長」個性，屁股長針、坐不住，加上外面朋友多，還個個需要她，老爸就……。結果這晚老婆喝多了、大女兒喝多了、我獨自一人在客廳等門，真成女生宿舍的舍監老阿北。

隔天早上環顧家中，我一人獨醒，心想這年頭真變了！也不喊她們，踽踽獨行到大安森林公園，藍天白雲，確有新年感受。下午，等再度外出的小村長歸隊，全家趕兩場電影，深感滿足！第一部《翻轉幸福》講電視購物賣拖把翻身的故事，讓老婆哭了。女主角父母離異，但離婚的爸爸卻沒走。這女孩喜愛發明，上顧外婆、下顧孩子，一管好幾代，集所有壓力於一身，歷經折磨終於創業成功，在元旦看這電影真「勵志」！

我懂老婆對著銀幕汩汩流下的眼淚，在台灣，身為職業婦女真的辛苦，想找幫手吧！聘外籍幫傭的法規嚴苛，許多家庭必須事先培養老人家表演失禁、失智的演技，送去醫院做量表，才有機會請到外傭，不然，只能努力苦撐。政治人物若能體會職業婦女的辛酸，簡化申請程序，減輕雙薪家庭蠟燭兩頭燒的痛苦，功德無量。

另一部電影則讓我落淚，是描述新聞圈的《真相急先鋒》。讀新聞系時，《六十分鐘》主持人丹拉瑟是所有同學的偶像，他卻因小布希競選總統的兵役問題引發爭議。電影提到當初CBS新聞是做口碑、不需要賺錢！心口像壓了一顆巨大石頭；當丹拉瑟說：「真相呼之欲出，也經過反覆查證，當然要報導，因為新聞就是要冒險為民眾探求真相！」我視線模糊起來。

那些當年、那些責任，在台灣的新聞圈都消失了。我們的新聞是各種影像紀錄的播放平台，我們的法官認為「不宜賦予媒體與名嘴過重的查證義務」，所以誹謗罪往往變成無罪。電影裡的新聞人善盡查證義務，還是掉入陷阱，成為眾矢之的。我們的名嘴每天東問問、西聽聽，沒有任何實際證據、甚至沒有第一手資料就信口開河，還無事！能不老淚縱橫嗎？

但是，新聞必定賠錢的觀念已經落伍，在台灣，新聞好賺因為罵落水狗或罵國民黨就有收視率、就有大量收入。因此對媒體主來說，自己是藍、是綠不重要，新聞平衡更不重要，罵國民黨就能賺錢，把握機會快罵吧！這幾年罵他們賺錢，今年以後罵誰呢？等著看吧！不！等著罵吧！

新春紅內褲哲學

新春過年穿新衣、戴新帽，紅內褲也是必備行頭，
犯太歲之人穿上還有擋災一說，登高跌重不可恥，
站立起身才是重點，過年了，狗年的朋友們，穿上紅內褲吧！

新年到，狗年旺，總算可以脫下從年頭穿到年尾的紅內褲。

我屬雞，十二歲過第一個雞年，媽媽依老傳統親手縫了幾件大紅內褲要我穿，說犯太歲要靠紅內褲擋災，看了傻眼，這麼紅！怎麼穿？深怕被眷村兄弟發現，難逃一陣恥笑。

後來忘了這傳統，直到去年發現國際品牌居然出了很多紅內褲，而且上面還印了

春、福這些中國字，想必我媽這「紅內褲哲學」已經傳遍五湖四海，連老外都信。又逢雞年犯太歲，決定穿一整年的紅內褲！只是每次上健身房，都很怕脫衣服……。

人生總有起起伏伏，犯太歲與紅內褲，重點都在自我警惕，凡事慢一點、別躁進，是天地給人喘息的換擋空間。

美式足球明星四分衛布雷迪（Tom Brady）雖沒犯太歲，過去一年的體會肯定特別深。他是世界名模吉賽兒的老公，今年四十歲，已經拿下五次超級盃冠軍，堪稱人生超級勝利組。沒想到今年冠軍賽中對手居然拍掉他手上球，造成他的大失誤，斷送球隊二連霸的美夢。原本的光榮退休瞬間土崩瓦解，球迷跟著崩潰，美麗的吉賽兒在觀眾席上只能低頭神傷。

人生在世，身分地位會贏得崇敬，但也因些許變化導致一無是處。失去光環就像失戀一樣，會覺得「全世界都不愛你」，鏡子也不敢照、連臉都不想洗。布雷迪很堅強，他在球場上宣告自己會再回來，不退休了！再拚一次一定好嗎？就像橄欖球掉落地面，沒人知道會往哪裡彈，但他寧可再拚一次，也不要背負敗戰退休的陰影。

人到中年，就像班史提勒的電影《人生剩利組》，在中年危機下會做出很多怪反應，好比暴怒、酸語、焦慮，其實都很幼稚。艾倫狄波特說，可以靠宗教、哲學、藝術解決這些焦慮。倘若沒有這些修養，我建議就當成是犯太歲，穿條紅內褲擋災，衝動時低頭看看內褲，緩一緩再發作！保證有效。

咚吱咚吱過新年

人生難買早知道、吃不到後悔藥，
不論過去這年發生了什麼事情，
都值得感恩，因為都教會了我們一些東西。

最近上班族朋友們應該處於飄飄然的心情，從耶誕夜起、到舊曆新年假期結束為止，中間都是大節日，要過耶誕、跨年、尾牙、返鄉過新年，心裡隨時咚吱咚吱咚吱咚吱過新年、跳針跳針。至於我，即將邁入五十七歲，還是可以咚吱，只是起床難免腰痠背痛，即便如此，仍想許些新年新希望。

活到這個階段發現人不必算命，因為人生是循環，勝利了自滿、自滿招來厄運、跌到谷底自省受到啟發、接著努力開展好運，進入另一輪循環，這就是歲月。以前貪快，看書像飆車，現在可以慢慢讀、慢慢體會，簡單往往可以帶出濃厚滋味，因此新的一年，當然有新的體會。

以前常帶女兒看電影，現在女兒大了，反過來推薦我們該看哪些片。二〇一四年的第一天在她大力推薦下，全家一起看MOD（讓電視人變慘的原因）裡的英國片《真愛每一天》，男主角有特異功能可以回到過去，每次回去都會造成現實的些微改變。以為大難臨頭，趕緊回到過去改掉了大難，卻發現未必好，因為上帝關了門，會開扇窗；壞的事情未必只有惡果，可能修正掉善緣的開端。

男主角爸爸說，其實不必挑重要時刻回顧，只要回到極度平凡的一天，認真聽每個人說話、體會每件事情，也滋滋有味。

這話說得真好，人生難買早知道、吃不到後悔藥，不論過去這年發生了什麼事情，都值得感恩，因為都教會了我們一些東西。生命中很多際遇是沒來由的，像遭忌，莫名其妙在空氣發酵、完全沒料到會中箭受重傷；就像黃色小鴨漂在水上什麼都沒做，卻莫名其妙爆炸，只能稱之為「命」！但在谷底也未必不好，也許能寫出一部精彩小說，《哈利波特》的作者羅琳就是如此。

身為凡人，不能先知先覺，起碼要後知後覺，不能不知不覺。只是很多時候眾人知覺放在享樂，像這片題材在美國會拍成熱鬧喜劇，哈哈大笑之後結束。但英國人的幽默與思維真不一樣，讓《真》片帶來慢慢體會的快樂，回味無窮。

只是當我們每天吸收短暫催化卻又舉國歡騰的瑣事，像美江、小鴨、吳憶樺、圓仔，誰有心能細細品味平凡，從中找出值得珍惜的滋味？

看完片，想著大女兒在外求學看到這部電影的心情，只要遠方有思念的對象，就更想回到團聚的日子。像我若能回到過去，看到爸爸，我會告訴他，他走了二十二年了，媽媽好寂寞。而我在爸爸過世第二年結了婚，今年也二十一週年，有好老婆跟兩個好孩子，還有許多以為不可能會發生的際遇……。電影結束，熱淚盈眶……爸！我會努力好好地過每一天！

Get it back!

很多事情要找回來沒那麼容易，最終，
還是要向內、回到自己。怪東怪西都沒用，
「做好自己」是面對叛變的最佳對策。

上週末好忙，早上參加彩色路跑、晚上看李宗盛演唱會；而老婆跑去高雄巨蛋參加全球知名的Sensation派對，還有朋友上街頭反馬，依需求各自擠著取暖，想必各有收穫。早上路跑是我的初體驗，平常跑跑步機，第一次上路，頗有意思。路上擠滿很漂亮的年輕人，人數爆滿，出發時走路比跑步多，整體速度還是比健身房快，一轉眼就跑了五K，看來路跑像示威遊行，也能集體催眠。

一群人同做一件事，確實比單獨一人來得有意思，難怪人人都想找個靠山，找個歸屬，只是仍應認清自己到底適合什麼。

人一多，難免互相牽絆，像路跑人太多根本跑不動。如果個性溫和、合作性強、主觀不強，確實很適合與人合作，把事業慢慢做大；但如果藝術家性格強烈、能力又強，不願妥協，越想做大，反而綁手綁腳，還是做自己比較開心，保留自尊才快樂。

俗話說靠山、山倒，在人生過程中遇到任何叛變，不論是工作上、愛情上，都讓人吃不消。就像李宗盛，這麼重感情的他為愛情感動、為女人感動，為了與林憶蓮的婚姻離開台灣，又因為婚姻破碎，加上市場喜愛的音樂口味丕變，種種叛變讓小李受傷了、沉寂了。後來靠縱貫線巡迴演唱，不求大批觀眾，反而找到知音。現在的他，在〈山丘〉裡寫著：「終於敢放膽　嘻皮笑臉面對人生的難」，以我們的年歲，怡然自得當然最好，如果不能，學會嘻皮笑臉也不容易！

看得出小李已經回到心中的「家」，這個家不是某個地點，而是知天命、發揮價值。既然青春留不住，最不該叛變的其實是自己，更該找回自己。現在才發現「我」和

「找」兩字還挺像！

又像我很喜歡的影集《新聞急先鋒》(*The Newsroom*)，劇中原本受信賴的新聞節目出了大紕漏，團隊想引咎請辭。老闆珍芳達說：「這個節目從沒賺過錢，但讓我非常驕傲！」團隊說：「可是觀眾不再信任我們！」珍芳達說：「Get it back!」

很多事情要找回來沒那麼容易，最反馬的人往往是過去最挺馬的，他們從相信轉為失望，無法接受這叛變，情緒需要出口，才上街頭。只是任何對外的出口都有後遺症，像彩色路跑結果汙染河水、反馬結果滿地都是鞋子、演唱會後大家情緒波動太大，最終，還是要向內、回到自己。怪東怪西都沒用，「做好自己」是面對叛變的最佳對策。

隔天，老婆說他們在高雄巨蛋一路開趴到凌晨五點，意猶未盡；而我們小李在台北小巨蛋快到十一點，就趕緊喊停免得罰款。陳菊市長除了照顧黃色小鴨，還力挺開趴！看來不在「天龍國」也有好處！

在宇宙中漫遊

成年之後，大多數人都像在宇宙中孤獨的漂流，
寂寞得快死掉，還是不知道前方有什麼。
想找依靠卻往往靠不了太久，還是得自力返回地球。

週末，想帶女兒、老婆看電影《地心引力》，女兒抵死不從，她說，爸你看了預告嗎？就一個人在外太空打轉，有什麼好看？後來我用她最愛的烤肉外加Ice Monster的冰威脅利誘，總算點頭答應。

很喜歡這部片，而且每個人看完感受不同，就像李安《少年PI》的效果。小孩不太能體會，因為他們的人生還在軌道上，有固定的方向。成年之後，大多數人也都像在宇宙中孤獨的漂流，寂寞得快死掉，還是不知道前方有什麼。常常覺得手足無

措、沒有方向。想找依靠、依靠往往靠不了太久，還是得自力返回地球，踏實踩在地上、用腳趾捏捏泥巴，才確定自己回家了。

外太空沒我們想像的遠，只要四十分鐘飛行，就能切斷與地球的連結進入失重狀態，這感覺就像當年潛水，進入海底一秒鐘，就能遠離世間，整個宇宙彷彿只剩下自己。最近一次感受到世界上只剩下自己，是在上回路跑的過程中。那段時間只需要記得呼吸與邁步，什麼都顧不到，反而可以真實誠懇地好好面對自我，也像進入了只屬於自己的小宇宙，這才理解了馬拉松的魅力。當場決定要報名下一回合富邦十公里路跑的挑戰，也許，接下來就可以挑戰四十二公里馬拉松……。

人到中年，就像《北歐式的自由生活提案》中所說LESS IS MORE，以前嚮往大房子、一屋子電器與好車，可是北歐人相反，不流行大房、大車，反而會賣掉大房子，在兩個城市留兩間小屋這邊住住、那邊住住，生活才愉快。像我這年紀的人還不到退休，但對許多事已擁有選擇權，開始要學會減法，選擇做喜歡而且能力所及的事，生活才快樂。如果硬要做不喜歡的，導致每天行事曆塞滿看了就痛苦的事情，怎麼可能開心。

我一直喜歡認識人、訪談人，像生命一直有活水注入。像去年在《我們一家訪問人》當中認識了《一首搖滾上月球》紀錄片的主角——睏熊霸樂團，團員都是負責照顧罕病兒的爸爸們，儘管長期看護導致每個人都睡眠不足，頂著一雙熊貓眼，但他們內在仍是貪玩的男生。六個老爸裡有四個不會樂器，卻想組樂團進攻海洋音樂祭，因此找老師從和弦開始學習，造就了這部感人的紀錄片。

男人一生都在責任感與愛玩心之間糾結搞不定，當責任心大過好玩，就是外界眼中的好男人；反過來，就成了爛男人。尤其為人父母之後，很自然有個牽絆，拚了命也想回到家。每個男人除了自己的聚會之外，當然夫妻聚餐也常見。而太太們就怕先生在一起重複老笑話，無聊死了！我只好說說新知識，談到上述《LESS IS MORE》這本書，大聲宣布讀後心得：「最笨的旅行就是跑到很遠的地方去買同樣的名牌⋯⋯」語畢。女士紛紛離座，不歡而散！

以大自然為師

獅子只取所需，絕不貪得無厭，連草食性動物都懂逐水草而居，生生不息，但人類不是這樣，為了象牙大量獵殺象，導致大象基因突變。到底誰才文明？

男性多半嚮往荒野生活；女性則怕與大自然為伍。我花了二十年功夫，總算說服家裡三位女性踏上非洲大陸看動物大遷移Safari。當我們抵達坦尚尼亞國家公園，在毫無心理準備下直面廣闊無邊的靜謐大草原，大家都露出不可置信的驚喜神情，震撼、感動兼而有之，大自然真能讓人謙卑。

我們每天早上六點半出發看動物、十點半回營地躲太陽；下午快日落再出門追逐遠方動物的身影。看轟隆隆地動山搖的動物遷移、斑馬奔馳、牛羚耍笨，還看到四十多隻象群喝水，每隻都像房子一樣高大，甚至提心吊膽屏住呼吸看兩公尺遠的金毛獅王怒吼母獅，頓時覺得與離群索居的公獅心靈相通。

這堂大自然課程太有意思，大象是母系社會，卻不見哪個象媽媽跟前跟後當直升機父母，小象走遠了、象媽媽一跺腳；發現水源了，象媽媽一跺腳，任何資訊跺跺腳，象群都懂了。

獅子則是大明星，看牠眼神的霸氣就知沒有天敵。深夜狩獵，一次只咬一頭動物，母獅與小獅吃完後，守在一旁的鬣狗、禿鷹吃腐肉，養活一堆動物。而且牠只取所需，絕不貪得無厭，連草食性動物都懂逐水草而居，生生不息，這是動物的敦厚。

但人類不是這樣，為了象牙大量獵殺象，導致大象基因突變，原本極少數的無象牙的大象，反而成為主流。到底誰才文明？

離開非洲時，在機場巧遇一位中文說得極好的金髮少女，想起曾在視頻上看過她數來寶，原來是投資大師吉姆羅傑斯的女兒。她說與母親來爬非洲最高峰——吉利馬札羅山，爬了七天！想想也有趣，大師讓女兒學中文、暑假作業是非洲爬山，想必帶來很多啟發。

我也有我的啟發，雖然此行戶頭淌血、所費不貲，但能跟全家一同感受大自然的壯麗與震撼，真是無價！更盼望人能師法自然、尤其政客，行自然之道，不貪得無厭、不趕盡殺絕……。但一回台灣打開電視新聞……，還是改看獅子追羚羊、人類追足球吧！

VI

唉！時代真變了

跑步機上的台灣

看完總統辯論，甲罵乙、乙罵甲、丙罵甲和乙，十分感慨。當政治只剩口水，結果就是綁架全民上跑步機，一直跑，卻哪裡都到不了！

週日下午很適合運動，愛運動的、持續好習慣；不愛動的、趁著休假補一補贖罪進度。無論如何，愛惜自己才會踏入健身房，因此每次到這裡，總會感受到一屋子奮發向上的氣氛。

我去的健身房會員多屬四、五十歲的中年人，每次都好奇其他人跑步看什麼節目，研究後發現女性喜歡綜藝節目，儘管每台來賓、話題、主持人都差不多，她們還是照單全收，還會跟著笑。

男性則有人看電影、有的人看球賽。我的經驗是跑步不能看籃球，因為看得入迷會跟著上籃，腳步踉蹌，容易跌倒；更不宜看美式足球，跑著跑著會跟著想要達陣、一傢伙趴下，當場仆街。這天剛巧轉播總統辯論，卻只有兩、三人看，跟我事前預測雷同，大家對這場選舉提不起勁！

在美國，總統大選是熱門節目，一年多前開始辯，選民很看重候選人的口才與魅力，幾乎可以靠著辯論翻盤。但是台灣總統選戰似乎大勢底定，辯論唯一可看之處，是平常候選人在自家地盤上罵對方，現在可以同台互罵，外加「假仙的」握手，這種尷尬比較少見，可以當成奇觀欣賞。

這些年的選舉讓我們逐漸明白「選前救世主、選後舊把戲」，因為不論誰當選，都必須在美、日、中三者選一個靠，因此接下來的戲分差不多。摸索摸索發現施政與新局都不重要，最重要的是罵前任、查前任的帳、揭弊，全民才有感，才能運用集體情緒再選下一任。

因此每次辯論主軸都在罵前任或是前前任，因為罵就有票！一路罵到蔣介石。在輔大站了幾十年的蔣公銅像應該很想說：「我都作古四十年了，你們還一個月來一次，不累啊！」

台灣這麼小，是最好的行銷基地，任何事情只要炒成葡式蛋撻，就能轟動。因此，在台灣最討好的角色就是反對小黨，你執政我反對、他執政我也反對，反對越多，罵得越大聲，越能激起情緒。只是當政治也變成蛋撻，結果就是綁架全民上跑步機，一直跑，卻哪裡都到不了！

以我這個做了四十年電視、三十年政治諷刺秀的人來說，理應異常關心政局，但我一點都不想看今年的總統辯論，因為光看眼前這兩三位跑友的肢體動作，大概就知道內容精彩程度……。他們一開始跑還直立挺著跑，後來甲罵乙、乙罵甲、丙罵甲和乙……，他們的雙肩逐漸往下塌，像讓壓力壓著壓著，越來越垮，結果……變成史前猿人了！

—不一樣的天空大戰—

／

《星際大戰》的片頭音樂，喚醒影迷的記憶；
《沖天》的空襲警報聲，則是記錄時代的回憶。
同樣是在空中打仗，《星際大戰》卻看不見《沖天》的情感。

最近看了兩部在空中打來打去的電影，一部是《星際大戰》，另一部是記錄二次大戰時期空軍的紀錄片《沖天》。問家中女孩們要不要一起看《沖天》？她們默不作聲，其實身為空軍第三代，該看《沖天》，但我還是陪他們先看了《星戰》。

去電影院的路上，身為唯一看過一九七七年版本的資深代表，我有責任與義務說明這系列作品，於是從「那年我大二……」開始講解當年科技特效以及光劍與日本武士道的關聯，結論是，同年代的《ET》與《第三類接觸》都比這絕地武士好看。

進了戲院、坐定位，片頭音樂與片名標準字一出來，奇怪，一堆影迷開始極度興奮。看到某些呼應首集的畫面，深覺必須即席解說好讓他們知道原委，才開口，卻得到我家三個女人拋來六枚白眼以及三聲「嘖！」「嘖！」「嘖！」，大有叫我閉嘴之意，不能給點空間講講歷史嗎？

當我獨自一人看《沖天》時，遇到另一老人家覺得某段畫面太重要，必須即席講解，便大聲地談起筧橋精神，音量大到讓我這空軍子弟深覺遇到知音。

記得小時候很忌妒空勤的孩子，他們是貴族、住大房子，爸爸薪水又多，我們地勤則像貧民窟。看了紀錄片才能體會當他們的爸爸不回來時，就是回不來了；而我們的爸爸沒回家，若不是加班、就是喝醉了！原來他們也忌妒著我們的安穩。

一樣在空中打仗，《星際大戰》的天空看不到《沖天》的感情。片中有個女孩，空襲警報時，大家都躲進防空洞，她卻在自家陽台仰首天際，她能清楚看見機身編號，知道先生劉粹剛正與日本戰機纏鬥而緊張到雙手幾乎捏壞了欄杆。另一個女孩陳難則寄信給敵機駕駛的太太，告訴她自己的哥哥與她的丈夫在空中相撞墜江，她看到日本飛官遺體口袋中的信件寫著美惠子，便寫信來，告訴她兩人的心情一樣悲痛與無奈。

時代不同、天空不同、戰場也不同，當年女孩在陽台上揪心看著二十四歲的愛人開著飛機與敵人纏鬥；現在的女孩則在車上尖叫、看著男友為了擦撞這些小事與陌生人互毆，而且新聞還大篇幅報導。兩相對照，令人感慨。

至於《星戰》好看嗎？三十八年之後，與公主、路克再相逢，公主變成太后、天行者恐怕不良於行，讓我大嚇兩跳，想起大陸《羅輯思維》主持人所說：「未來不疑、當時不雜、過往不戀」，有時候歲月如梭，感謝影迷卻不一定要出來謝客，做明星的過往不戀，確實是關鍵。

賞味期限

選舉就像行銷，選民今天買到的熱賣品，未來卻可能罵得最多。

如果備受喜愛的柯Ｐ發行屁罐頭，我一定搶購半打，

在嚴選賞味期內，保證香。

陰雨中，台北街頭感覺不到總統大選最後倒數的氣氛，以前總會旗海飄揚，現在，彷彿已成定局。

選舉就是行銷，就是要騙你的七情六慾，像男人就想騙女人上床。「我家很窮所以賣布丁，請幫幫忙」跟「我的布丁好吃，所以你該買」都是行銷手法，看那種說法能打動人心。

投票又跟買布丁不同，選民心態更複雜，雖然基本屬性根深蒂固，卻可衍生出「我喜歡他，但是……」、「我不喜歡他，但是……」、「我投他，結果……」、「我不投他，結果……」，透過種種運作選出新總統。

不論誰當選，真只能快樂一天，因為國際局勢嚴峻，全球暖化、貿易協定、兩岸關係都必須要處理，可是朝野對立在各小黨加入後，肯定自動升級，即使請琅琊榜的麒麟才子來也沒用。等新總統就職百日受檢驗，應該會搬出「前任沒做好，丟下來爛攤子」，前任怪前任、前任再怪前任、一路怪到銅像身上去。

但有一點與過去不同，以前媒體常問「為什麼新加坡可以，我們不行？」這類的議題現在已消失，大家關注茶壺內的自家鬥爭，多過於外在時局變化，也難怪不跟旁人比了！

投票四十年、無役不與，愛了很多人，無奈每次都失戀。因為今日支持率最高的，往往變成他日罵得最慘的，馬英九如此、陳水扁也如此。難怪三十年前的抗議歌曲悲嘆這塊土地受欺負，三十年後《島嶼天光》，還是老調重彈。

唯有柯P例外，他不分選前、選後，做什麼都對！騎高檔單車南北縱貫是歐吉桑堅持夢想；馬英九騎單車則是作秀、不知民間疾苦。相信馬總統一定經常痛苦自問，為什麼柯香馬臭？網友就愛他不愛我！

而且網友對柯P特別寬容，說不輔選，但全省騎腳踏車進行非典型輔選，好有創意！當選一年說要反省，卻不關在房間閉門思過，而是拍了支廣告片告訴大家：「我在反省」；他是菁英，卻拼貼憨人色彩，深得年輕人喜愛，是政壇個人行銷做得最好的，如果他發行屁罐頭，鄉愿如我，一定搶購半打！還在嚴選賞味期內，保證香！

謙卑！謙卑！

這次總統大選（二〇一六年）落幕，國民黨遭受到最嚴重的一次挫敗，
想改變現況，必須靠年輕人勇於實驗的精神，
讓台灣成為大家嚮往之處。

今年我家第一次收到三張投票通知單，大女兒成為首投族，可惜沒回來，特別拍下寫了她名字的投票單傳去美國，女兒秒回：「哇！我老了！」

投票這天，感到台灣真老了，雖然投票所外很多首投族自拍、打卡，但放眼望去，好多老人家等著投票。大家不分年齡，井然有序地排隊，表情都很慎重，認真拿票、圈選、投票，深怕一疏忽，寶貝選票變廢票。

二十年前，全民第一次直選總統，我推著不滿一歲的大女兒在同一間投票所投票。六屆下來，整體政治板塊差別不大，但是投票意願大有不同。今年很多台商，包括林青霞都沒回來投票，反倒有群中國朋友專程組團來看選舉，他們跑到國民黨與民進黨的場子湊熱鬧，看完拍照、上傳、評論，個個極有看法。他們說：「國民黨滿場觀眾皆白髮，任何人上台老道歉、真奇怪；民進黨場子都年輕人！」一針見血，點出國民黨大敗的主因。

這次選舉慘烈，像《神鬼獵人》裡的李奧納多，跟熊搏鬥只剩半條命，游上岸又想著該怎麼復仇，打來打去，其實都傷自己人，這輪迴不知何時能停止。也像小時候的影集《密諜》（英國六〇年代影集），特務每回醒來都在小村裡，想逃，卻總功虧一簣，結局都讓大白氣球壓倒、昏迷，醒來又重新來過。

小時候覺得追捕過程恐怖緊張，長大回想，真像人生。好比政治，選上民意代表風光無限，落選一場空，只能代表自己，難怪政客與利益掛勾，因為政治現實、能撈就撈。

老一代已經習慣生命裡的大白氣球，反正島上生活無虞，別跑，就沒事。想改變台灣要靠年輕人，若多些吳寶春、江振誠，看看世界有多大，帶著國際觀與企圖心出去再回來，這些勇於實驗的靈魂，會讓台灣成為大家嚮往的地方。

選後的台灣相對安靜，我跟朋友們習慣在大選之夜相約吃飯，儘管政治立場不同，仍能邊看選情邊聊天吃飯，因為民主成熟，不管贏輸都喝一杯，像我們未來的總統蔡英文所說，謙卑、謙卑，千杯！千杯！

—各唱各的調就完了—

音樂好聽不光靠作曲家，誰來唱、誰指揮、誰演奏，
都影響成果，聲音很微妙，演少了戲不夠、演多了又做作，
得恰如其分才能動人。

上週，好友旅美聲樂家田浩江在北京與多明哥合作歌劇《西蒙波卡涅拉》，在他的邀請之下，首度開洋葷看完整齣歌劇，能接觸到新鮮事物的感覺真好，驚喜中感覺人生不斷往前。

以前一直搞不清楚歌舞劇與歌劇有何不同，看完全場，總算懂了。歌劇有序幕，一、二、三幕，還有管絃樂團伴奏，如果再加上群眾和聲，舞台上下幾百人跑不掉！歌舞劇則形式較為活潑，不受這些傳統約束，兩者共同點在於音樂必須好聽。

音樂好聽不光靠作曲家，誰來唱、誰指揮、誰演奏，都影響成果。田浩江他有著大腦袋瓜、大屁股蛋兒與金胳膊腕，很有存在感，非常適合在舞台上表演聲樂。聽著他的男低音與多明哥的男中音，雖是合唱卻各自清楚，沒有誰蓋過誰、誰強誰弱的較勁，反而多了融合的美感，聽了好奇，請教他祕訣。

田浩江說，人天生會唱歌，聲樂則是用聲音、透過空氣共鳴，將感情傳達給觀眾。聲音很微妙，演少了戲不夠、演多了又做作，要表演、又不能太表演，得恰如其分才能動人，而且不能輕浮、更不能只顧凸顯自己，互相包容，才能融為一體。

這簡直是哲學課！尤其檯面上的人物更該學習，如何為自己發聲、讓他人尊重，但又不唐突。

拿李登輝來說，幾十年來他都是主角，九十五歲高齡，隨便唱個調，還是能拉著大家跟他跑，簡直是台灣政壇的多明哥！台灣人的祖國太多了，他的祖國是日本，其他還有中國、越南、泰國……原住民還有祖靈，每個人心目中的祖國都不同，重點在是否能互相尊重與包容。李有他的經歷，但卸任總統大話一說，是不是又傷到別人的經歷?!

這處境就像台灣，豪宅旁邊有釘子戶、巴洛克旁邊是破落鐵皮屋，無論從哪個角度欣賞都像個大雜院，大家都矛盾，但也就這麼卡卡地活著。只是以前諸多矛盾蓋著被子不談，現在則掀開來努力扯、你唱你的、我唱我的，再噁心的話都能公開說，反正你祖國跟我祖國不同，大家話全講絕了！不過，可能也好，以後沒有更撕裂的話可以出來了，像台灣股市快到底了。那台灣情勢可能觸底反彈嗎？像歌劇、高中低音、男女和聲、管絃樂隊，琴瑟和鳴，各自有音，但和韻極美！台灣有可能出現這樣的音律讓世人觀賞嗎？

曲終人散，經過天安門，廣場正在準備九三大閱兵，紀念一九四五年九月三日日本正式投降；在台灣，九三也是軍人節，眾人因為某原因組團去看陸軍阿帕契，這兩齣劇，情節太不一樣了！

土親

《KANO》本身就是歷史，發生在嘉義，更帶來「土親」感，不必大江大海，好的故事往往來自生活歷史。

最近《KANO》（二〇一四年）受歡迎，來攀點關係。因為嘉農與我的童年密不可分。我在嘉義出生長大，小時候讀嘉農（Kano）對面的空軍子弟學校，每天跟眷村同學蹲在軍用大卡車裡上學，穿過將軍橋、嘉農實驗農林地，就到了我們學校。後來學校改為志航國小，嘉農校長以及老師的孩子也可入學，成了我們同學。嘉農與嘉商、嘉工都是嘉義很好的學校，而嘉農校園沒圍牆，每天上學放學都可以清晰看見他們飼養的水牛、黃牛正在吃草，當年流行西部片，嘉農就有《牧野風雲》中的牧場景觀，深深淺淺的綠色配上牛羊、搭配南部湛藍天空，真的可以拍電影。幾十年後到海南島的海口出外景，一個轉彎看到當地綠油油的稻田與田埂，忍不住請司機停車，佇立凝視這片久違的景觀，彷彿看到童年。

《KANO》本身就是歷史，發生在嘉義，更帶來「土親」感，不必大江大海，好的故事往往來自生活歷史。

當年運動也可分本省掛與外省掛，本省孩子迷棒球，可能是日本留下來的習慣。但在嘉義沒這限制，嘉義是個棒球城市，人人愛棒球。當年知名的嘉義天才投手李宗源，就住在我家附近，他爸爸是河北人、媽媽是台灣人，是棒球隊裡少見的外省小孩，後來成為第一位加入日本職棒的台灣籍選手。

外省人則喜歡籃球，眷村裡都有個籃球場，白天可打球、晚上可放電影，平常還當成集會所，連籃球隊隊名都帶著時代意義，如「克難隊」，是來自當年物資缺乏的克難精神。很多外省子弟後來都打成了國手，而球員的名字也有濃濃外省風，如程偉、吳建國等。一直迷到高中時的「留美學聯隊」，該隊自然就是從美國回來的留學生或ABC。記得當年還實行髮禁，只有他們能留著長髮打球，帥極了，比現在韓星帥多了！當年球員住台北中泰賓館，到附近的中華體育館比賽，現在中泰賓館拆了、中華體育館也因為放沖天炮燒掉了，連打美式強力籃球的張嗣漢都成了好市多總經理。唯一能緬懷的，只剩下打群架！

當年我們打籃球必定打群架，兩者是共生關係，這村跟那村打、這校跟那校打，參加籃球聯賽也順便跟其他縣市的學校打架，年輕人打球哪有不打架的！打著打著也就成了朋友，到台北還經常聯絡。因此看到最近台師大跟義守大學打球兼打架導致禁賽一年、停權一年，等於連續兩年不能參賽，斷送球員大學四年的出賽機會，這判決未免太娘炮！只能說時代變了。下回還是多學學韓國隊，一碰就彈得老遠，擦身就能滾三圈……。

唉！時代真變了，想想我們與韓國之間，原本還能貼身肉搏打打群架，現在只能遠遠叫囂，就像看到奧斯卡群星自拍，感嘆hTC與三星的距離，怕越來越遠囉！

—老爸的中元咒怨—

現在社會資訊開放，任何英雄都難生存。
時間到了該下台就下台、該退休就退休，
讓出位子，笑看好戲。

中元到，貞子從電視裡爬出來、《十三號星期五》殺人魔傑森放下屠刀，一同不知所措地接受眾人獻愛心的中元普度，這支全聯廣告實在好玩。以前拍鬼片總有些拍著拍著膠卷起火之類的鬼話，讓人恐懼；現在一切數位化、不怕失火，連鬼片都可走溫馨路線，也是影視革命。

說起革命，今年上半年還以為儘管網路世代了，老媒體仍是內容的領頭羊；下半年一看，網路已經完全改變了眾人聯絡的方式，像茉莉花革命、洪仲丘案，只要上網一呼，就能跳過組織直接發動數十萬人上街頭遊行。老前輩陳勝與吳廣應該很希望自己能生在這個年代，革命太方便了！

革命說穿了就是財富、權勢、社會地位的重新整理。以前我們也革命，高中編校刊，首度發現自己擁有話語權，覺得體內有種莫名力量足以跟校方對幹。想讓自己的意見受到重視，就像青春期的孩子想找出自己的位子，不願大人叫吃飯就吃飯，不斷頂撞打破規矩，孩子知道父母不能對他們怎樣，因為你愛他。

現在整個社會進入青春期，人人想破，軍公教想革命、苗栗大埔想革命，大家都知道政府不能對自己怎麼樣，因為他們政治正確。問題是大破之後能否「大立」？舊權垮台，新權力能安穩嗎？新當權派會怎麼面對挑戰？是更高壓保護自己導致更大的腐敗？還是更民主開放？不得而知。唯一可以確定的是無論誰當權都無法安心太久，因為很快又有另一起革命。

而且現在社會資訊開放，任何英雄都難生存，像孔明如果現在要借東風，網友會立刻破他的梗，搬出氣象圖來要他少來唬爛。九十幾歲郝柏村上鳳凰衛視談八年抗戰，直接吐槽中共封鎖資訊，靠共產黨打贏抗戰是扭曲史實，完全不在乎這媒體是誰家的，勇氣十足！

面對革命就像面對小女兒，當她叛逆頂嘴，氣極的我說：「我也不要活太久，就活到妳生小孩，看妳怎麼帶孩子！我一定幫孩子整妳！」時間到了該下台就下台、該退休就退休，讓出位子，笑看好戲。就像《華人星光大道》最近開始錄製第三季，看著一代代參賽者上台、拚搏、下台，但每次離開舞台都不是結束，他們到全球發光，在各式舞台上累積榮譽、實力與口碑，太多人告訴我，台灣來的選手就是不一樣，深感欣慰。

上週到上海參加書展，我的《今周刊》新書（《我很怕，但我還有GUTS》）在大陸出了簡體版，《中國夢之聲》參賽者幫忙造勢，簽書會挺熱鬧。簽著簽著，一人說：「也給我簽個吧！」聲音好熟，抬頭一看，張大春，相識一笑。繼續簽著簽著，一人拿到簽名又合影之後說：「謝謝您啊！張偉忠是吧！」我……

—熱情還是貧瘠？—

黃色巨鴨在一小小島上展三次，讓藝術家賺三次錢，是其他國家看不到的現象。這樣的我們，是熱情？還是貧瘠？很難解釋。

寫這篇專欄時正是二〇一三年的最後一天，回想這一年驛馬星動，兩岸跑得勤，能在最後一天回到家、配上久不見的陽光，真適合中午去戶外曬曬，為今年畫下美好的句點。

這一年在大陸看了很多現象，感受特別強烈，也讓每次回台灣更憂心。眼看東南亞崛起，而日本、韓國、大陸，我們都有點追不上了，可全台熱衷的是如何找回力量，但是這……黃色巨鴨?!這鴨可以從高雄、放到桃園、再放到基隆，在一小小島上展三次，讓藝術家賺三次錢，也是其他國家看不到的現象。這樣的我們，是熱情？還是貧瘠？很難解釋。

近期各單位流行砸大錢辦大型主題節，這個博跟那個博有什麼不同？辦不辦有什麼差別？到底是我們對節慶特別熱情？還是因為創意貧瘠？更難解釋。

一九九五年台北之音開幕，我們認為台北需要些快樂熱鬧的活動，於是結合各方資源辦了第一次大型跨年活動。演變至今，台灣各地都要跨年、都要煙火、都要歌手，讓歌手們以跑百米速度在各地複製同樣的活動，這是熱情、還是貧瘠？真難解釋。

歲末年終，看到大學同班同學劉克襄寫了篇評論談跨年活動，他跟我學號差一號，大一宿舍還睡上下鋪。一九九五年我們辦的活動，至今跨個不休；他則反思台灣在這個節骨眼上為何還用這種方式跨年？有沒有其他選擇？同班同學對同一件事情可以抱持不同想法，我覺得很好，才能激發不同的想法。

不同的想法很重要。最近發現二十二K讓年輕人恐慌，因為會買不起房子、人生無望；擔任《中國達人秀》評審，發現對岸參賽者的共同夢想也就是「買個房子」。「買房子」成為普世價值，這又是熱情？還是貧瘠？其實以現在的高房價判斷，買房子早晚會變成落伍的觀念，必須要用不一樣、更smart的角度來解讀。

跟朋友聊天時，我說一生最快樂的時候是一無所有時，那時什麼都不怕、什麼都敢試、敢做，正因為什麼都沒有，所以不怕失去也不怕比較。

工作數十年之後，擁有的不少，更重要的是必須牢記「不能別人要，我就要」，必須學會用不同的眼光看世界。常覺得「成功時小人來，失敗時貴人來」，這是因為成功反而看不到盲點，以為同樣東西一再重複就可以成功，讓有心人趁虛而入；但失敗時能聽進旁人意見，分享不同思維，學會以不同方式看事情，才能play smart。話說回來，歲末年終，又有人辦同學會了。同學之間有人創作、有人省思，大家見了面還是嘻嘻哈哈，挺好。最怕一種同學，什麼都不做，光會開口批評……什麼？你也有這種同學？那……就祝福你happy new year！

當分享打敗權威

我們的媒體已經習慣打擊權威，不管有沒有證據都先下手，絕對不落人後，不然搶不到點擊分享的次數，會反過來影響權威程度。

最近有些媒體老將進入新媒體，企圖在網路找回力量，看了有些感慨。

阿里巴巴的馬雲說未來網路開店不需要實體店面，結果造成大陸某些地區店租應聲下跌七%，還預言未來消費者在網路上進行金融活動，銀行也會式微！網路還有個說法傳神，在互聯網年代連開妓院都要求互動，不能像過去隨便塞個人了事。

做新媒體也是一樣，不是光找工作人員把原本印在報上的文章「塞」上網，就能成功。真不能亂塞，因為年代不同。以前老爸清早開收音機聽新聞，我們早上看報或電視，但年輕人隨時滑手機看網路，而且他們不再在乎媒體想給什麼，他們想看大家分享些什麼。

我們這代中年人的不幸在於沒出生在電腦時代，但幸運的也是我們的後半生進步很快。當下載擊垮音樂產業、電視越來越不好做，媒體進入最壞的年代，但也可能是最好的，因為人人都能成為「自媒體」。

像大陸有個普通人接連遭到七名法官亂判，他怒到自己狗仔這七個法官，果然拍到他們喝花酒、收賄的畫面，一舉放上網造成轟動，眾人分享不絕，這是他的自媒體年代。

當自媒體都講究證據，我們的傳統媒體還是很隨興，隨便爆料說交通部長吃飯有美豔歌手陪唱，一看，美豔歌手居然是我也認識的那卡西夫妻檔裡的小李太太！她是五十多歲的歐巴桑……看來我們的媒體已經習慣打擊權威，不管有沒有證據都先下手，絕對不落人後，不然搶不到點擊分享的次數，會反過來影響權威程度。

儘管分享已經打敗權威，在這樣的環境之下，更凸顯了「無法任意分享」的價值。如果有個東西是無法複製貼上分享，反而雋永，而這正是我最近思考的重點。因為一年年無比快速的變化，逼得我們這些四年級生還是得在新世界尋路，只是心情已經從以前年輕時創業的焦慮，改為好一點的節奏。

前人常說「五十歲知天命」，因為過了五十就大勢底定，可以輕鬆過日子。但現在還不停面對難關、學習、克服。而且年齡反成優勢，年輕時想逃、還可以逃，到了這個歲數寧可不逃、也不恐懼未來，就面對吧！

像我最近正在研究女兒的高中畢業典禮。美國人非常看重高中畢業，於是我這半百老爸也跟著研究起該怎麼協助女兒留下最美好的記憶，只是這些洋鬼子東西還真是全新領域、全新挑戰，也就只能面對、學習、克服！

—幫台灣換個字—

很多老習慣就像大掃除，漸漸消失。
現代社會日子過法不一樣，行為上天天清掃，
可是心裡再也找不回大掃除完畢的清爽感。

年末，人在上海。今年四月開始兩岸奔波，有時十幾天沒法回家，心情上有了點「台商味」，雖不遠卻必須透過電視新聞、網路媒體了解台灣，短短一年之間，發現很多事變了。

過去大陸觀眾仰賴台灣，他們喜歡台灣的綜藝節目、戲劇節目、藝人，但現在只剩下對明星有些依戀，至於戲劇、綜藝，都已經自給自足了。而台灣的電視圈拜網路崛起所賜，觀眾流失嚴重、媒體存活不易，有心做節目的人已經不多，氣氛飄搖。

連我辦公室所在地——台北市延吉街的氣氛都變了，以前各種小店林立，現在卻越開越多檸檬茶店，台灣人真這麼愛喝檸檬茶？我們真有這麼多檸檬可吃？

以前到了歲末年終會回想過去、展望未來，像《聯合報》年年選年度代表字，今年前七名是「假、黑、毒、亂、謊、悶、混」，每個字都沉重、都怵目驚心，想想背後的故事，食物不能吃了、真相不能相信了、任何事情都沒有規則可遵循，這年頭的年輕人到底能做什麼？該怎麼生存？有沒有機會upgrade？

記得小時候，家裡只是舊桌破椅。年底一到，爸媽叫著孩子一起大掃除，村裡再破再舊的房子，都會在過年前好好整理一番。爸爸總是叫年紀最小的我清電風扇，這是最難對付的任務，因為電風扇真難洗。哥哥姐姐們會把家具抬出去、窗子拆掉，全部清洗一頓，接著洗地板，等全部洗好，打開我剛清潔完畢的電風扇吹乾地。南部過年通常還是很熱，用乾淨的電風扇吹著乾淨的地，風涼涼的，特別舒服。

很多老習慣就像大掃除，漸漸消失。現代社會日子過法不一樣，行為上天天清掃，可是心裡再也找不回大掃除完畢的清爽感。每天看著「面對自己」、「心靈成長」、「放下它」之類的心靈小語，可是心中的老態沉痾還是沒法清除。

當時間快到來不及回顧，來不及吸收，又得往前看，這時候更應該要好好整理，不論是實際上的家、心靈的家、還是公司這個家，但我懷疑若老人家不喊年輕人大掃除，年輕人會主動費力洗地嗎？還是寧可省下這些功夫，在網路上轟人？

二〇一三年的台灣確實「假、黑、毒、亂、謊、悶、混」，可以反過來看，期許在二〇一四年清除這些汙垢。在一年的最後一個月好好地看看自己周遭，不必由名導演、藝文人士、反對黨或大企業帶頭號召，自己就可以從家裡做起大掃除。也許透過一整年的努力，能讓台灣洗洗乾淨，換成「真、白、淨、序、實、開、純」，然後打開電風扇，吹吹光潔如新的地板。喔……奇怪！為什麼我一直找不到小時候大掃除後，在南部冬陽下，那股空氣中的清沁感？是鼻子的問題？還是心有問題？

——一人一傳奇——

歷史，往往只是一兩人的傳奇，
香港歷史簡單來說，也是邵逸夫傳奇。
隨著他的過世，香港影視圈的未來相形黯淡。

上週末到香港演出《寶島一村》，這齣戲巡迴全球，去了新加坡、美國、大陸、澳門，多年後終於到了香港，觀眾反應很好，因為香港也是個移民社會，有著共通的感情經驗。

原本以為香港都是廣東人，後來發現各省人士在不同年代因不同理由移民香港，像張學友的父親是天津人。上海人移居香港也多，還有不少山東人，加上國民黨暗中資助調景嶺，每年過年升中華民國國旗唱國歌，一如眷村。

香港在英國殖民時代有人親共、有人反共，但店員、路人往往覺得台灣觀光客土、對我們不太友善。現在香港街頭滿是大陸遊客，香港人反而覺得台灣的寬馬路、小角落、高山、海邊，都是高樓遮住天際線的香港找不到的，台灣才是理想生活所在。

香港又何嘗不曾是台灣人嚮往的地方呢？看著報上邵逸夫一〇七歲過世的新聞，想起小時候看電影，全體肅立唱國歌、看完反攻大陸宣導片才輪正片登場。每次看到光芒萬丈的「邵氏兄弟」商標出現，就覺得熱血沸騰，後面接著各種類型的電影，有黃梅調、武俠片、愛情文藝片、甚至還有山歌片、歌舞片。至今我還能唱出電影裡「一個蓮蓬、十七八個洞」等歌曲，因為邵氏電影的力量太強大、太迷人了！

當大陸正在經歷大饑荒、台灣還在戒嚴時期，邵逸夫在彈丸之地香港蓋影城、大膽投資各種類型片、培養大明星，讓貧瘠香港成了華人世界的好萊塢，也讓香港成為大家嚮往的流行文化之都。

同樣由邵逸夫主持的ＴＶＢ拍出《楚留香》，帶起港劇旋風，那些年很多台灣戲劇配音指定讓主角操香港口音，因為這是觀眾嚮往的世界。正如前幾年大陸的綜藝主持人流行學台灣諧星講台式節奏的對白與爆點，直到近期大陸綜藝進步，才建立起自信。

歷史，往往只是一、兩人的傳奇，香港歷史簡單來說，也是邵逸夫傳奇。隨著他的過世，香港影視圈的未來相形黯淡，因為大陸磁吸效果太強，明星、幕前幕後人士都到大陸發展，讓香港失血失色。

許多表演藝術都是由一人建立的傳奇，像台灣八〇年代風起雲湧，電影有新浪潮的楊德昌、侯孝賢；舞蹈有林懷民的雲門；表演藝術有表坊、屏風等，這些傳奇人物組成了豐富多彩的台灣藝文圈。最近雲門得到了外國一億五千萬元的重建補助，雲門傳奇可望延續。我們這個民族常有「天相」之說，最近中港台影視圈盛傳一個偉大人物的 pass away 也代表另一個時代的開始。邵老走了之後，華人影視圈誰領風騷呢？且看今朝！

做自己的主人

李崗拍《阿罩霧》一吐為快，好在政府平和，不必擔心拍電影遭清算。在時代洪流中，「做自己的主人」充滿理想性，問題在於誰想讓你當他的主人？

最近看了導演李崗監製新作《阿罩霧風雲2》，精彩！看得出李崗終於藉著這部電影「一吐為快」，把他心底累積好幾年的話一股腦兒說盡了。

這些年有些人莫名其妙歸類為「富名藍大外」的新黑五類，口袋有點錢、有點名氣、看似偏藍、親近大陸的外省二代，無論做任何事情，都會引來一句「你是不是台灣人？」「你愛不愛台灣？」費盡唇舌還是百口莫辯、氣得要死。

父母輩移民過來，假如是個在大陸做生意的本省台商，無論生意做得多麼大，他說愛台，就是愛台。但這些「大外」說愛台，只會帶出更多矛盾。李崗投身製作這部片，這是一個外省第二代給台灣的情書，愛台灣，就是無私的貢獻自己所長。

《阿罩霧》裡的霧峰林家在近代史無役不與，從先民漳州泉州之爭、到太平天國，反清、革命、北伐、抗日、親日、國民黨、共產黨、二二八，全都有份，而且全家族愛國、愛家、愛土地，只是常在保全族人與國家認同之間，做出身不由己的選擇。最後，矛盾到不知如何是好，林獻堂只能離開台灣、客死日本異鄉。

難怪柯P看完電影說，比起林獻堂，他在市政府受的委屈真沒什麼了不起，希望未來台灣人能做自己的主人。

「做自己的主人」，聽起來很激昂、充滿理想性，不過，問題在於誰又想讓你當他的主人？當大家都想做自己的主人，誰來領導？誰來被領導？

好比養大兒女，未必會聽爸媽的；付員工薪資，不見得全依老闆的。出力、出錢都未必能作主，就算靠著抗爭當上執政者，可能也只是另一波抗爭的開端，因為永遠都會有人站在對面振臂高喊：「做自己的主人！」這就是歷史的輪迴。

想想看，在大時代的洪流中，想做一個保護家人的家長都不容易。但好在我們的政府已經平和到可以包容不一樣的聲音，像李崗不必擔心拍了電影會遭清算，不然，他現在應該已經成為歷史的一部分，或比照司馬遷，身上少了些東西！

很推薦大家在看完《我的少女時代》，懷抱小確幸喜悅時，可以看看《阿罩霧風雲》，這是另一種fu，可以平衡一下，跟網友討論王大陸之餘，還可以談談台灣近代史。

看完片對李崗起了些尊敬之心，現在我正式宣布，今後，全台灣高爾夫的奧客排行榜，我頂位，我排第一、他排第二！（各位應該知道原來排行榜的真實狀況是什麼……）

—滑稽 滑機—

這世界已脫離不了社交網路，像我這種度假不滑手機的人，
也不能倖免，但這些演變實在滑稽，
新年怎麼搞得眾人手機叮來咚去，好焦慮。

過年尋找陽光，專程跑去泰國，沒想到台灣天氣居然比泰國好，連續豔陽天讓久居台灣的外國朋友嘖嘖稱奇，說搬來台灣二十年，真沒遇過熱到流汗的春節！

既然已經陪妻小到泰國，就好好享受假期吧！不料又跟女兒吵了起來，每次旅行我們都為手機吵架。勸她既然是度假，應該注意眼前的世界，要她快把手機收起來，不要時時刻刻「滑」一下，但她當然不肯，吵得不可開交時想搬出老婆助陣。轉頭一看，老婆也正在滑iPad，忙著上傳度假照片⋯⋯。

家裡沒奧援，就訴諸大眾，正想指著周遭教訓女兒：「誰像你這樣度假！」不巧看到身旁的大陸同胞，一人拿著三支手機輪流滑、輪流講，一支講方言、一支講普通話，另一支不知對誰甜言蜜語，害得我罵女兒也罵不起勁……難怪朋友說目前最流行的聚會規則就是「誰先摸手機，誰請客」，免得見面還在留言打卡，如同沒見。

網路社交已經改變我們的日常生活，看一〇一煙火，沒幾人專心看，大家都高舉3C產品猛拍照上傳，似乎不傳就等於沒看到。到了度假村，老外悠閒曬太陽，只是過去人手一本厚厚小說，現在則改看電子書kindle。我還是喜歡紙本書，可以看看天空看看書、翻翻前面偷看後面，感覺像牙縫裡塞了牛肉絲，舔一舔，還能吸出肉汁！電子書就沒這種肉汁香了。

這世界已經脫離不了社交網路，像我這種度假不滑手機的人，也不能倖免。有人發了條訊息「在某某地方看到王偉忠！」隨即貼了張遠遠、小小的海邊照，照片裡不知道是不是我，但看起來呆呆的。隨即想起最近的官司，法官在法院上說公眾人物在媒體上有優勢云云，真想告訴法官這觀念太落伍了，公眾人物是媒體上最弱勢的一群人，人人能罵、人人能批，人人能拍了就上傳也不問我貼這張好不好，還不弱勢？

人天性愛窺密，我終究還是打開手機看誰傳來過年簡訊（看完LINE還有App再來WeChat……真忙），想著該不該回？有些人認為收到不回沒禮貌、還有些人傳簡訊目的是刺探彼此關係，像下屬就期待上司快點回，不回必定沒好事；而男女朋友如果沒能即時回傳，搞不好還誤會分手。我能理解女兒頻頻滑手機的心情，但這些演變實在滑稽，不過就是個咚咚鏘的新年，搞得眾人手機叮來咚去、滑來滑去，好焦慮。

回到台灣，趁著暖陽外出走走，發現年輕人好看，但中年人穿得一塌糊塗，踏青該穿什麼？家族聚餐該穿什麼？隨意散個步該穿什麼？完全無感！中年人活像已經放棄讓自己漂亮一點，難怪亞洲時尚之都排行中台灣沒進前十名，還輸給孟買！你不相信嗎？我發條微信給你看！

「卒」年代

「卒」，是終結的意思，日本出現「卒婚」現象、政治圈流行「卒精英」……假如不敢像他們，對不滿的舊現狀逆勢喊停，自己又要鬱卒，恐怕就要卒命了。

最近公司做節目，在兩岸社群網站的調查分析，發現觀眾不分地域，都反勵志、反心靈雞湯。好比主持人開場說：「歡迎大家收看」，網友回：「歡迎？別假了，你只想要收視率！」若說：「努力就會成功」，網友評：「沒成功的話你要賠嗎？」不管說什麼，網友都能找到角度唾棄說你「裝逼」，看來這世界正在大轉彎，「造反」成顯學。

有制度，難免就會反制度。像日本出現「卒婚」現象，老夫妻平平淡淡一輩子，退休後想各自追求夢想，於是比照從學校畢業的「卒業」，也從婚姻中「卒婚」，夫妻變室友、室友變校友，不必離婚撕破臉，偶爾碰頭像開同學會，多開心。

政治圈則流行「卒」精英，我們有柯P、美國有川普、菲律賓則有「菲版川普」杜特蒂，三人的嘴巴都不受控制。柯P對議員說：「不會講就不要講！」；川普說：「把美國伊斯蘭教徒統統關起來！」；杜特蒂居然罵教宗是「妓女的兒子」，但眾多天主教徒還是選他當總統，為何如此？因為大眾膩了精英。

在大眾眼中，「精英」是群無聊分子，不敢革命、不敢大刀闊斧，更不敢講真話，總做些令人不爽的事情。既然民主制度已經建立，偉大人民不需要偉大政治人物，寧可「卒精英」，看看素人會怎麼做。但也該思考如果只因不喜歡甲就投給乙，真足以代表自己嗎？還是受情緒綁架了？

能逆勢喊停，有時是好事，因為生活不能一成不變。我有個朋友喜歡打高爾夫，可惜技不如人，十幾年下來，打四小時球，就沮喪四小時，一週打三回，共沮喪十二小時，週週如此。他說最近覺得老了，看著鏡子裡的自己，屁股塌了，實在鬱卒。勸他別鬱卒，快「卒球」吧！活著就是要認命，輸了就要調整、要改變，不然就卒命了！

不過天下大勢存乎一心，就算日本這種天天講趨勢的國度，娛樂圈出了AKB48，仍存在山田洋次溫馨感人的《東京家族》、《我的長崎母親》，社會總是還要有些「classic」，您說是吧！有時我不「裝逼」，誰「裝逼」！

—人生至樂—

古時候，「他鄉遇故知」便是人生至樂之一；現在，什麼都稀鬆平常，快樂卻顯得難得。其實，心靈自由了便能快樂，但這得靠自己思考、找路，而非天天數臉書上的讚。

一早起來看奧運閉幕，選手們表情真好，在森巴音樂中笑得毫無負擔，是種努力後的快樂。想想，多久沒在身邊看到這種笑容？

在特殊的情境下，音樂、音效會帶來強大感染力。週末看到《賓漢》推出新版，趕緊進戲院重溫舊夢。

第一次看《賓漢》才十多歲，我第二次上台北，好友單肩扛台巨大的SONY手提卡式錄放音機走進全亞洲最大的國賓戲院，一路引人側目。這台錄音機是七〇年代最新產品，放進卡帶，可以直接錄余光「青春之歌」、陶曉清「中廣熱門音樂」裡面最新的西洋歌，輸出功率大到可以開舞會！不過，「滑世代」孩子們連卡帶長什麼樣都沒見過……。

扛錄音機進戲院，當然為了錄音，我們超迷卻爾登・希斯頓的《賓漢》，錄下萬馬奔騰那場戲的音效，回家反覆聽，真過癮、真樂！（現在這麼做會觸犯著作權法。）

古時人生四大樂是「久旱逢甘霖，他鄉遇故知，洞房花燭夜，金榜題名時」，現在什麼都稀鬆平常，還天天在臉書上遇故知，快樂太難。

想快樂，關鍵在身體健康、心靈自由。身體健康可以借重醫療和運動；心靈自由則要靠自己。天天數臉書得到幾個讚、或看別人好吃好玩，無法快樂；要能獨立思考，擺脫社會普遍價值觀的干擾，找到自己的路，方能自得其樂。像新加坡好小子Schooling參加奧運前便宣告關閉臉書，專心投入訓練與競賽，終於拿回金牌，他知道快樂靠努力、不靠別人的讚，因為世界是自己的，與他人無關。

但真切斷與世界的連結，還是會焦慮。像最近遺失手機，整天坐立不安，仔細推敲行程，終於想起最後在朋友車上使用手機，一問，真找回來，太開心！因此現代人生至樂應改為「找回手機時」。

再看《賓漢》，特意選擇會隨效果震動的座椅，想像萬馬奔騰時全身跟著晃，應能帶來十倍感動，卻失望了。散場放眼四周全是老炮，原來大家想看的不是賓漢，而是我們早遺失的青春。

探親三十年

兩岸相隔是悲劇，白色恐怖也是悲劇，
不懂的人會質疑，為何不能忘了過去迎向未來？
理由很簡單，因為過去從未結束。

前幾天新聞報導三十年前政府開放大陸探親，著實嚇了一大跳，真沒想到陪媽媽回北平看姥姥，已經是三十年前的往事！

小時候媽媽常因思鄉而神傷，一開始還能通信，後來聽說老家接到台灣來信就要上繳小米若干斤，她擔心連累姥姥，只好停筆。有次我好奇問起姥姥還在不在，媽回：「不在了！」大有一了百了的悲壯。想像著如果我從十五歲到五十五歲都見不到媽，應該時時刻刻都像胸口壓塊巨石，怎麼都喘不過氣來。

後來媽媽與幾位眷村媽媽從香港轉機回去。一週後，我由新加坡過去陪她，在樟宜機場轉機時看到好多老兵拉著一大堆行李，鄉音又重，到處問不到路，急得語無倫次，陪著他們到正確的登機門，下機後陪他們找到該搭的車、接機的親人，才按地址找去姥姥家。

那是棟公寓，爬上樓按門鈴，媽在裡面問：「誰啊？」「兒子欸！」一陣靜默，門開了，一個頭探出來，長相就是小了一號的我哥！原來，是沒見過面的大舅。他一開口就是媽的口音，我忍不住眼眶一熱跟著腿軟，又跪又爬地進家門，十公尺距離卻走了好久，一步一步，終於體會到媽媽的心情，好委屈、好悲哀又好激動，而且我知道，媽媽胸口的大石頭終於搬走了。

打從我一進門，姥姥就拍著她的大腿，「啪！啪！啪！」一回又一回，一句話都說不出來。十五歲的閨女出去一趟，居然帶個三十歲留長髮、洋裡洋氣的高個子喊她姥姥，既陌生、又熟悉！這臉就跟他爸一模一樣！能說什麼？什麼都說不清了！

曾經好奇爸媽離家這麼久，還記不記得老家的人、事與景色，等我也年紀漸長、有了些經歷，北京早不是當年那個陰暗城市。但我仍清晰記得三十年前在新建的台灣賓館裡抬頭見到的一輪明月，還有房裡剛糊好的水泥牆散發的砂石氣味，像昨天才發生、歷歷在目。

一個族群往往不能理解另一族群的苦難，兩岸相隔是悲劇、白色恐怖也是悲劇，不懂的人會質疑為何不能忘了過去迎向未來？理由很簡單，因為過去從未結束。

Bye bye《007》

《007》是許多四年級生的人生良伴，隨著時代變遷，
《007》也跟著走向盡頭，當無人機取代了《007》，
就如同現實生活中網路取代了媒體。

週末看《007》最新電影，他是我們四年級生的人生良伴，從八歲一路看到五十八，還意猶未盡。雖然電影從頭到尾都沒留伏筆，也沒宣告是否還有續集，可內心深處知道《007》的時代已經結束，而且絕對不是讓惡魔黨給終結的，因為這集壞人首腦終於露出真面目，他身穿典型的毛裝（中山裝），可是襪子露餡，居然沒穿襪子！好休閒的壞人。

小時候過年期間最期待看《007》，光看到經典片頭裡的裸女剪影，就已經太過

刺激，從史恩康納萊、羅傑摩爾一路看到現在的丹尼爾克雷格，看片心情一樣興奮。

以前最著迷的當然是正反雙方準備的各種機關道具武器，鞋上的刀、迷你相機、可以用來殺人的鐵線手錶以及各式各樣的怪槍，任何Mr. Q拿出來的東西，我都想有一個！連洗個澡都想學《007》，雖然沒胸毛，也學著在下半身圍條浴巾故做姿態，覺得自己就是個迷人的間諜。

年復一年看下來，熟知龐德公式，他西裝筆挺、開名車（包括著名的奧斯頓馬丁），只喝馬丁尼，而且「Shaken, not stirred」，帶著新式武器歷經千辛萬苦滲透進入敵人組織，從海底打到外太空，經過一頓激戰，最後總是很簡單一拳擊昏對手，輕鬆獲勝！結局必定攀上直升機的垂索（或各式各樣的交通工具）、摟著龐德女郎帥氣離場、浪跡天涯。因此我很小就知道《007》身上有兩把槍，一把打敵人，一把打姑娘！

只是這樣的邏輯到現代吃不開，因為組織內的英雄《007》比不上讓組織拋棄的魯蛇間諜，像《神鬼認證》裡組織追殺的情報員（麥特戴蒙飾演）才有內心戲，而《金牌特務》、《麻辣女間諜》更直接讓《007》成為嘲諷對象，越顛覆、越賣座。現實生活中的《007》更站不住腳，他在大銀幕上很帥，可是那一國的間諜會如此大剌剌、見了人還自報家門，「I'm Bond, James Bond.」間諜不就最怕人識破他是間諜！

因此真正終結《007》的，是時代。

這個時代手機裡的App幾乎取代了Mr. Q，到處都可能發生恐怖攻擊，殺人還得著拿執照？還要拋個圓帽子到人頭上？真要動手，派個無人機，透過衛星遠端鎖定目標，遙控過去、掃射，任務結束，《007》們即日起放無薪假去。

我這老影迷心疼的看著龐德開著第一集電影裡的最老的骨董車離去，象徵經典走入歷史。當無人機取代了《007》，就像網路取代了媒體……bye了《007》，bye了報紙，bye了……！

四年級斷交史

自一九七一年台灣退出聯合國後，邦交國也越來越少。
諷刺的是，台灣邦交國雖少，人民卻哪裡都能去，
只有總統處處踫壁。

最近巴拿馬跟我們斷交，這段從清朝宣統皇帝開始、長達一〇七年的交情，說斷就斷，不勝唏噓，讓我想起當年的斷交史。

一九七一年我們退出聯合國後，邦交國越來越少，報上常說：「國際風雲詭譎」。一九七八年十二月，美國駐台大使半夜找蔣經國，告訴他隔天卡特總統將宣布中美斷交噩耗！後來副國務卿克里斯多福來台灣善後，成為眾矢之的。

我那年大四，也加入松山機場的抗議群眾，大家又哭又叫，拿雞蛋、番茄猛K克里斯多福的禮車，還有人跳上去，用力將國旗插他車上洩恨！車走人未散，我跟著眾人從民權東路出發，沿途慷慨激昂唱愛國歌曲、唱民歌。

那個年代還沒解嚴，理應不許集會遊行，但政府乾脆放任；警察維持秩序時還遭嗆，「為什麼要幫美國叛徒！」真是萬眾一心。將近四十年後回想，大家都是窮學生，沒錢吃飯，那些砸爛的雞蛋到底是誰買的？

先中日、後中美，最火大的是一九九二年中韓斷交。我們覺得韓國是小弟，沒想到竟敢先拋棄我們！韓國大使館就在大巨蛋現址，屋頂斜斜的像個三明治，當然也是一陣蛋洗怒罵！

但接下來的斷交就不痛不癢，再度體會這種不分藍綠、同舟共濟的情緒，則是在九二一大地震期間。也許，我們台灣就是要面臨極大的災難恐慌，才能凝聚共識、滋生信心。

想想也諷刺，我們邦交國這麼少，但人民拿護照哪裡都能去，只有總統處處碰壁。跟巴拿馬分手，我們居然向早就分手的美國、日本求救！還想靠他們。

而且斷交後，民進黨罵得最凶的不是巴拿馬，而是國民黨，兩黨真是相生相剋的連體嬰，國民黨不倒、台灣不會好，只怕國民黨倒了，民進黨也不保，因為失去怪罪對象，再也無處推託。

一片黑暗中，半夜時分還是有個地方人聲鼎沸、萬眾一心、處變不驚，也運了不少雞蛋過去，原來還是有人在乎斷交！走近一看，啊，是新開幕的一蘭拉麵！

—打開台灣女主播史—

「女主播」從以前到現在，始終都是螢光幕前的「嬌」點。／直播世代來臨，網路女主播們做菜、睡覺、化妝、哭訴都能賺進鈔票，你喜歡哪一款？

最近聽說直播「女主播」們開party，一日能吸金千萬，對我這從小喜歡新聞主播的人來說，百感交集。

小時候電視剛問世，村裡能一竿升起、架個天線，全家雞犬升天，電視機裡的人物更是如神一樣的地位。因此當我家隔壁的楊文華當上中視新聞主播、她一回家就萬人空巷，全擠她家門口想看看她。如願的，臉上都是紗門擠出的格子。我媽與楊媽媽感情好，楊姐姐會來我家坐坐，如同媽祖遶境，讓我那幾天走路都有風。

後來讀新聞系，進電視台跟著郎祖筠的爸爸郎叔打工當劇務，無非就是想離主播台近一點。有天台視公告招考主播，我也換上襯衫參加面試，結果錄取沈春華與李四端，主播夢碎。

有段時間女主播知名度高、形象好，社會地位也高，不少嫁入豪門。但好主播絕不是讀稿機，就像美國一位華裔女主播所說，最棒的新聞播報要做到像在餐桌上跟媽媽聊天，這個本事李四端有、方念華也有。

後來我參與籌備ＴＶＢＳ，那時老三台覺得有線電視成不了氣候，Ｔ台只有母公司香港ＴＶＢ提供少少新聞片段，資源確實不足，我們想了半天，料這麼少，也只有「那個人」能炒成一鍋菜，便請來張雅琴，她靠幾張照片就能講足一個小時。直到現在，她在年代新聞還是幾張看板走天下，不改其樂、也不改其志。

不久電視台數量暴增，主播也暴增，媒體看女主播的角度也變了，新聞常聚焦女主播當小三等，甚至連女主播抽菸都能上新聞，光環不再。

最近直播風潮起，直播主持人也稱「主播」，而且有各式各樣的女主播。她們不必懂ABCD、但最好有E或F！所以現在若自稱女主播，觀眾會問：「妳是哪種路線？會做菜？會睡覺？會聊天？會化妝？還是會哭訴的？」……唉！時代真變了。

VII

英雄就怕立場不正確?!

─熱血熱到高血壓─

各行各業都需要可敬的對手，好的對手會讓人生不寂寞。就如機器人打機器人，沒有失誤、沒有情緒、沒有人味，可就沒勁了！

最近有很多輸贏，週日晚上到現場看高中籃球（HBL）的冠亞軍決賽，打球熱血、觀眾也熱血。像我從入場式就開始激動，因為本屆讓球員帶家人入場，其中南山十三號球員牢牢牽著阿嬤，阿嬤從小把他養大、一路支持他打球追夢，看著他們祖孫兩人，心中暖暖的。

球賽激烈不在話下，松山高中無敗績，隊中明星球員高國豪是眾人偶像，當然想贏，結果全隊都成猛張飛頻往內衝，熱血過頭反成高血壓，讓對手南山獲勝。看完直呼可惜。但就是這些生理狀況、心理狀況混合出的無法預期，讓球賽好好看。

上週另一場勝負之爭就是人腦與電腦的圍棋賽，我覺得下圍棋跟打籃球一樣，場內氣氛最重要，如果都是機器人打機器人，沒有失誤、沒有情緒、沒有人味，我覺得沒勁！

就像寫小說或劇本，現在流行借重電腦分析各種暢銷作品模式，用大數據來排列劇情，但最吸引讀者的還是作者說故事的方式。最近讀《十四分之一》，作者把各種流派的推理作家關進十四間密室進行競賽，用推理故事對決求生，讀來事件中有事件，興味盎然，就像自己也在密室中與眾人鬥智。

各行各業確實都需要可敬的對手，因為好的對手會讓人生不寂寞。像賓士最近刊了一則廣告慶賀對手BMW百歲生日，廣告上說：「沒有你們的三十年很無聊！」既捧對手、也捧了自己，這種德式幽默令人耳目一新。這件事有無給台灣藍綠一些啟示?!

現在綠遠勝於藍，但是這種輸贏也出現一些現象，就像黃安心臟病回來就醫，許多人視他為全台公敵，有立委在總質詢時公開要求行政院長將黃安列為不受歡迎人物，反倒是陳為廷出來反對，他說，這不正是當年國民黨的黑名單！討厭黃安，結果自己卻變成黃安。

這讓我想到一則政治老笑話。前蘇聯兩個囚犯在監獄裡聊天，老囚犯問新囚犯：「你是怎麼關進來的？」新囚犯說：「他們指控我反對史達林！」新囚犯說：「您呢？」老囚犯幽幽地說：「喔！十年前他們說我支持史達林！」

政治呀！一堆狗屎！

──上哪兒找外星人？──

如果想找外星人，在英國得看小報、
到美國可以查科學月刊、在台灣只要打開電視，
各台新聞以及各大名嘴都樂意公布外星人在哪裡。

上週汪小菲找我一談，說自己娶台灣女孩大S、在台灣投資餐飲，花大錢裝潢而且壓低價格、認真經營，但台灣似乎不喜歡他。這回遇到狗仔隊猛拍、想保護老婆，媒體卻批他「紅衛兵」，讓愛面子的他格外灰心與委屈。講著講著，流下了男兒淚。我說，小菲，很多事情還是意識形態，世故地說，有些事能說不能做；有些事能做不能說。

北京目前霧霾嚴重，微信上把當地很紅的歌〈捲珠簾〉改成霧霾濃到「讓路上行人

找不著北」。連美國脫口秀主持人都說有棟大樓失火了，三小時之後眾人才察覺，因全給霧霾遮住了，等燒光後，那裡空氣是全北京最乾淨的！這類笑話他們講、美國人講，都沒事，如果台灣主持人在節目裡這樣說，可就犯了忌諱。這忌諱不在內容，而在你的身分，就像國際媒體也說新聞正在殭屍化台灣，但就汪小菲不能批。

同樣的，世界各地有各種理由討厭某些人。日本仇中書籍登上暢銷榜；台灣人討厭各領域的韓國人，不過韓劇裡的明星們顯然是另一國人。世界各國都可以嫁娶台灣人或來台灣讀書，但政府只對大陸籍設下最嚴格的制度。台灣民調八成覺得司法不公，自己說說可以，還是不讓汪小菲說。

台灣人不仇日，即使誰執政，教科書就跟著誰的意識形態改，台灣人還是不仇日。就像即將上映的《KANO》，看預告就知道會是極好的片子，因為在日本統治下所以全片日語，這可犯了大陸的忌諱，在大陸上映可能得另外處理。就像當年我們在《連環泡》讓演員說台語，也犯了新聞局的忌諱。

話語權是很基本的權利，我保存眷村文化，就是因為眷村眼看就要消失了，沒人再用五湖四海的腔調講話了，所以我急。現在台灣想找回過去，這過去到底存在《大稻埕》、《海角七号》，還是《大尾鱸鰻》裡？各種說法都有，大家都在找文化。

文化標準多重，像日本以前娛樂很強，現在退縮成他們國內的內需市場。而韓國一直想在國際上爭一口氣，兩千年來終於找到路，靠偶像文化真在各國吃香，自然走得快，不斷推出長相一樣、跳一樣舞蹈的俊男美女組合，只是偶爾想到隔壁還有個小胖子抱著核武想一起玩……。

在台灣生活很好，但政治與媒體是另一種狀態，這也是我們文化的一環。如果想找外星人，在英國得看小報；到美國可以查科學月刊；在台灣只要打開電視，各台新聞以及各大名嘴都樂意公布外星人在哪裡。如果到了韓國，別找了，外星人正忙著演電視劇呢！

——英雄就怕立場不正確?!——

台灣幾乎每天都是爆料新聞，令人有無力感，
應該發起溫暖一點的「修睦運動」，縫合社會撕裂的傷口，
只是這樣的領導人選還真難找。

上週，《聯合報》問起該用什麼字代表今年一整年，想了想，告訴他們應該是「爆」，因為一整年來什麼都爆個不停，關說案、橄欖油案、洩密案。網友爆、高官爆，連總統也爆，什麼都爆。有時離開台灣一陣子再回來，打開報紙真有種無力感，彷彿我們沒有其他事情值得報導，生活中只剩爆料。

相信很多人都跟我一樣，不認為台灣真有這麼可怕，只是除了報紙令人沮喪，最近看了些紀錄片，發現真如我朋友所說的，當社會上的紀錄片又多又精采……往往代

表這裡的社會問題也很多，難免覺得真悲哀。

像齊柏林導演的《看見台灣》，透過高空鏡頭看到台灣這麼美、但破得怵目驚心。可是怎麼辦？我們能怎麼辦？台灣並不是個適合這麼多開發的地方，平地少、高山多，一大雨就淹、不下雨就乾旱，未來趨勢一定越開發越高，高了就有各種危險。政府當然想設下許多法令來保障居住安全，但是法令要通過不容易，得要進入立法院協商，任何法律都必須排隊。當重大政策推不動，全民又該怎麼辦？

每天看著新聞談起社會改革，改革必定鬥爭、鬥爭勢必帶來混亂與謾罵，罵來罵去，很想問問罵人的名嘴與意見領袖們，真認為口中所言正確無誤嗎？《聖經》上說：「你們中間誰是沒有罪的，就可以拿石頭砸她！」當我們怪開發商亂開發、怪農夫濫墾，難道自己沒住在山上豪華卻違法的民宿讚歎台灣真美？沒吃過高山水果還猛讚真好吃？串一串，大家都是共犯，人人都難辭其咎，沒有人是英雄。

好在，本週還是有些好新聞，像雲門舞集到台東池上演出我夢寐以求的實境秀，舞台就設在稻田當中，背後襯著高山、山嵐與雲，彩色的舞者跳著「稻禾」。忽然下大雨，就改跳「水月」，多美！絕對不輸給大陸的印象系列。這樣的演出能讓人感動、能讓觀光客不遠千里而來，讓台灣印象不只是「夜市好吃又便宜」。

台灣真該發起一個溫暖一點的「修睦運動」，每天認真做些真能改變社會的事情，無論是拍片、創作、工作都好，縫合社會撕裂的傷口。總不能全民每天當竹林七賢（或竹林七閒），光罵人怪人、什麼都是總統的錯，怪來怪去，最後乾脆怪風水不好。你看帝寶住戶接連出事，不就有人說是因為高架橋帶來的攔腰煞嗎？

只是想到「現階段」該找誰來領導這運動呢？這人必須各方面正確，政治正確、族群正確、喜歡跟民眾搏感情，而且不能是首富、最好注重環保還不肯與大陸交流，若能討厭馬英九而且支持多元婚姻更是大加分。只是這樣的人選還真不容易，看來英雄在台灣不怕出身低，就怕立場不正確！大家幫忙找找看有沒有這樣的人吧！

活出自己的個性

台灣人也有香港人與大陸人極推崇的個性，
只是都被政治與媒體破壞掉我們欣賞自己的能力，
讓我們都看不清自己的迷人個性了！

最近看了電影《寂寞拍賣師》，好看，但不能透露劇情，免得破壞讀者興致。英文片名《Best offer》很有意思，看起來好的卻未必是我們想要的，就像片中這位藝術拍賣師，他一生中最好的買賣讓人跌破眼鏡，卻又餘味無窮，說盡了他的個性。

國家與人一樣，要有個性。像挪威人均GDP已經高達九萬九千多美元，排名世界第三，但他們喜歡騎車、用二手家具、度假就去森林小屋點起蠟燭回歸自然，這是挪威人的維京個性。

德國人也有個性，一則網路文章提到百年前德國人占領山東青島時首先蓋好下水道，後人發現下水道裡每隔三公尺就放置了油紙包，裡面是至今仍可使用的備品，顯示德國人做事的細心與踏實。

姑且不論這傳說是真是假，日本人崇拜德國人，卻學不來；台灣人崇拜日本人，也學不來；中國經濟起飛得一塌糊塗，但在素質上還是學不來，這些細節眉角都是國家多年養成的民族個性。韓國想迎頭趕上，制式化地複製手機產業、娛樂產業、美容產業，結果大企業成功了，中小企業卻走投無路，經濟成長率高，人民自殺率也名列前茅。

台灣的個性是什麼？過去台灣無路可退，只能拚了，因此上一代與上上代都想著反攻大陸、靠代工打進國際市場、創造台灣的經濟奇蹟。

現在早沒人提反攻，取而代之的是大企業想到大陸淘金，失敗者也想到大陸跑路，大陸成了腹地與退路。只是中小企業會立刻讓對方吸走，因此必須留在台灣，好好

「養成」。因此巷裡有許多極好的小餐廳、小咖啡店、小民宿，融合了店主的個性與風格，成了台灣另一種吸引人的個性。更有趣的是這些小店無論多受歡迎，多半都有些小違建、故意將廚房外推、店面外推，或是在山上蓋著蓋著就蓋出了法令允許範圍，對小違規習以為常。

當香港人極愛台灣，列出台灣十大好處，大陸人也愛台灣，說我們最美的風景是人。我們看自己卻是看到「十大惡人」，因為台灣還愛分藍綠，整天還想著驅逐韃虜，不與自己同情緒，就是異類，從國到家都可以選邊站。想必馬英九從小到大都沒想到自己有一天會變成「十大惡人之首」，好在出了個綠扁帽姪子，不只救了人質張安薇，也順道救了點馬總統名聲。嗯，這也是台灣另一項特色，各色人才都有。

看著台灣十年來的消退，媒體與政治不留情地破壞我們欣賞自己的能力，常想著未來退休之後該來舉辦個「十大惡嘴」票選，看看誰對台灣最猛最惡劣，什麼？退休還遙遙無期？只要我不停地罵媒體罵政治，退休之日就在眼前了……

人間處處見鬥爭

有人的地方就有鬥爭。電視圈工作者面對電視台內的明爭暗鬥更是冷暖自知，如今自媒體當道，雖然省略了「人」，但演算法這種東西，依舊離不開鬥爭。

近來擔任央視《我要上春晚》的評審，在北京看了許多表演，其中「即將成真」火舞團、魔術師胡凱倫、歌手派偉俊都是從台灣過來打天下，贏得評審與全場觀眾喜愛。尤其派偉俊才十八歲，未來一定比師父周杰倫更紅，因為光咬字、就比杰倫清楚多了！

與有榮焉之餘，更希望他們成功。但打天下一定會面臨鬥爭，鬥爭有很多種，能力差被淘汰、無話可說，更要提防因能力好而成為鬥爭目標。

我這南部小孩初入職場時，什麼都不懂，做事全力以赴、渾然不知自己擋了主持人弟弟的路而慘遭逐出，這成為心中陰影。最近年輕人問起職場最怕什麼，我說，不怕苦、只怕鬥，因為始終無法察覺到底何時、何事得罪了人。

人間處處見鬥爭，只是近期更清晰。

華視總經理大戰、管中閔當選台大校長風波，把「暗鬥」清清楚楚端上檯面，格外怵目驚心。對我們這些電視圈幕後工作者來說，過去仰賴電視台，關係要好，節目才有機會播出，可是一朝天子一朝臣，改朝換代可以瞬間紅翻黑，一堆人失業，只能吞忍。

這種低檔可寄託宗教或哲學，好比楊定一的書《全部的你》，就要我們少用腦，多用身體五感，該吃就吃、該走就走，不憶過去、不想未來。這些道理以前沒讀懂，現在也許年紀到了，益發認同，只是不知對在鬥爭漩渦中的人有沒有效！

如今環境也改了，電視台不再獨霸，還有HBO與Netflix等OTT平台可上架，只是他們偏愛有台灣特色的內容，好比通靈、乩童，但總不能只拍這些，想了半天，有了！可以拍電視台內鬥與立法院亂象，唉！又回到混亂，趕緊拿起書靜坐。

靜心中，想起現在可以用YouTube、臉書的自媒體擁抱觀眾！太好了，經過幾十年，我們終於在鬥爭中找到出路，楊定一果然有用！瞬間心平氣和，安心睡覺。只是不到五分鐘又跳起來，想起臉書有套演算法，很多用戶發現不砸錢下廣告，網友根本看不到！有人的地方就有鬥爭，沒想到現在連人工智慧也搞起鬥爭，這……這……認了！

權杖的使用

很多人沒有權杖時，願意為公義發聲；等自己手握權杖，發現能呼風喚雨，就失去反省能力，但蒼天不會放過任何人，等繁華落盡，往往才是故事的開始。

最近補習班狼師的話題沸沸揚揚，看著童仲彥帶著相關官員趁機稽查補習班，荒謬、錯愕感兼而有之，狼師帶著知識威權吸引、控制、甚至誘姦學子，是權杖的誤用；童仲彥帶著官員看風向稽查搏洗白，也是一種權杖的誤用。

權杖，有權也有力量，可以提拔人、救人，也可以把人推下深淵，在權杖前，弱勢不得不低頭，擁有權杖者，更該謹慎。

狼師之所以存在，是因為升學主義緊緊捆綁著年輕人的靈魂，握有分數的人便擁有權杖、掐著莘莘學子的咽喉，讓人無法反抗。

之前曾在專欄提過高中補習的經驗，當時家裡真沒錢，爸爸不得不低頭拜託老師讓我補習，爸爸低下頭的那一幕，至今深深烙印在我心中，升學主義雖公平，但多少人靠這權杖碾壓人心？

後來大學畢業，有些同學到美國留學，送他們離開後，我心如刀割，到打工的電視台連續工作了七天，整整七天沒看到太陽。那時心裡覺得這世界真可怕，沒權沒勢如我，竟連太陽都見不到！

權杖還會放大擁有者的人格特性與劣根性。即使只是一個泳池管理員，也能憑著他的權杖讓人進入或刻意刁難；夜店的保全，一擁有選客人的權利，也會露出當權者的嘴臉，想要拿些好處。這些小奸小惡無傷大雅、卻也讓人驚心。因為這麼小小權杖都會受到誘惑圖謀私利，擁有國家權杖的人，豈不更加危險！

很多人沒有權杖時，願意為了公義發聲、願意利他；等自己手握權杖，發現順勢一揮就能讓人乖乖聽話，失去了反省能力，但蒼天不會放過任何人，等繁華落盡，往往才是故事的開始。

網路時代網友討厭特權，卻匿名變成持有權杖的判官，辦案、罵人都不需證據，管他是狼是狗，先砍再說！這讓我想到《惡靈古堡》最終篇裡為了引出殭屍，拿活人當誘餌，果然引來殭屍大咬。世界末日預言人會咬人，原來不是用牙咬，是……哇！我終於看懂了殭屍電影……寓意深厚呀！

不偉大的國慶日

我不知道失去了偉大的政府之後，
到底我們能不能夠成為偉大的人民。在這個沒有英雄的年代，
媒體逐漸坐大，從第四權儼然變成了第一權。

上週去上海宣傳舞台劇《短波》，每次與同台的旅美聲樂家田浩江老師見面，少不得聊聊過去。他生在北京軍隊大院；我生在嘉義眷村，我們都在封閉環境裡隨著歲月進入開放的年代。我上台北，進入電視圈，大開眼界；他去了紐約，上舞台唱起歌劇，眼界大開。在舞台上下聊著兩岸異同與禁忌，著實有趣。

以國慶為例，今年大家除了忙著看馬王相視而笑，似乎已經沒有意義。想當年國慶可是一等一了不起的大事，嘉義街頭張燈結綵搭牌樓，處處華麗，真有「光輝十月」

的感受。大家一同看蔣公上電視發表國慶文告，他的腔調太重，照例一個字都聽不懂，但沒人有意見。

晚上眾人擠在大街上看嘉義的夜間花車遊行，我的哥哥姐姐穿上校服跟著學校走上一圈，只記得每次遠遠看到哥哥姐姐衣著整齊地邁步，心裡只有一個想法：「怎麼跟家裡不一樣？」

現在眾人對待國慶的「規格」也不一樣了，以前學生遊行還要排字，現在學生也參加遊行，只是外加砸鞋子。在各種抗爭與政爭當中，人民逐漸理解「偉大的領袖」已經不可能，更沒有所謂「萬能的政府」，行政院長不能施政報告，政府照樣可以運作。立法院不能開議通過法案，也沒人在乎，外賓來訪看到空蕩蕩的議場，我們還可以說，台灣民主沒有少數服從多數這一套，都靠協商……。

國慶日罵罵政府也沒什麼不好，網友們出出氣，內心也平衡了。畢竟台灣的住房、教育、醫療條件都不算太差，買不起房子可以便宜租屋，教育改革幾乎讓人人上大學，而健保不必擔心沒錢看病，這三大政策讓年輕人可以過著小確幸的生活，只是不知道可以維持多久？而年輕人想平地起高樓的時代，也隨著「偉大的政府」消失不見了。

我不知道失去了偉大的政府之後，到底我們能不能夠成為偉大的人民。在這個沒有英雄的年代，媒體逐漸坐大，從第四權儼然變成了第一權。透過鏡頭刻意放大網友的意見，讓原本只想出出氣的網友，成為某種意見領袖。接著各方名嘴都想當英雄，發現只要言論越激烈，越能上版面，於是反過來用言論控制媒體，只要敢說，就能引來關注。

看著越來越不偉大的十月，忽然想起當時十月底的蔣公誕辰最經典，那時蔣公還在，我們進禮堂對著蔣總統照片鞠躬，遠距離拜壽，然後一人拿一顆壽桃。假如現在總統過生日想找學生鞠躬發壽桃，除非在北韓，幾十年的變化，真是不可思議！以前那時代努力賺錢養家，但真的努力賺了些錢，又進入了「仇富」的年代！張燈結綵的國慶多封建呀！群鞋飛舞的國慶多〇〇呀！中間的字你自己填吧！

——香港的變與不變——

比起台灣，香港考究、也流行一點，
唯一能讓香港人羨慕的只有元首直選。
即使普選帶給香港不同以往的氣氛，但香港有些事情仍不會變……。

上週去香港看大型藝術展Art Basel，除了看藝術，也看看普選前的香港氣氛。

香港有些事情不會變，其一就是計程車司機！絕對脾氣很大，香港的不肯去九龍、九龍的不肯去香港，而且一聽國語就臉臭！好在有Uber，去哪裡都行，如果香港政府也學台灣禁止Uber，相信全港都會上街抗議。

再來就是美食不變，值得跑趟中環威靈頓街，有鏞記燒鵝、九記牛腩、筷子記、沾仔記等，近年流行「一樂燒鵝」，便宜又好吃！至於九記牛腩該吃咖哩還是清燉？混在一起最佳，三人同行、就點兩份。觀光客多上蓮香樓飲茶，其實我覺得富聲更好。老店跑堂極有個性，問他們什麼好吃？必答：「都好吃的啦！」

八〇年代去香港愛購物，台灣人遭冷落，還要忍受售貨小姐態度高傲；現在小姐態度好了，但什麼都能上網買，反而興趣缺缺。用眼用心四處觀察的享受取代了血拚樂趣，相信不僅香港如此，全球都會如此。

客觀來說，台灣想在國際上賺大錢不容易，政府與其買飛機、大炮自我武裝，不如集中資源做出影響力。

台灣在人文、藝術、旅遊、美食方面很有機會，只是不夠國際化，政府應帶頭推廣，透過思想力表現台灣個性。像我們以前刻滿小抄的課桌椅，如果換個材質、打上燈，透過藝術把升學壓力化為藝術品，多有創意。

今年展區少台灣藝術家，在會展中心外的Art Central看到文大學弟連建興的作品，還遇到頂著滿清人髮型的藝術家，畫老虎系列頗具個人風格，用英文與他攀談，他卻喊「偉忠哥！」原來是到紐約發展的台灣小孩潘慕文，透過藝術看到年輕人想法，很有意思。

比起台灣，香港考究一點、流行一點，也漂亮一點，路上的Tesla多一點。台灣則完全不在乎這些，房子鐵皮屋、中年不打扮，都是市容大礙。不過香港人還是羨慕台灣，為什麼呢？因為，我們可以直選！

台灣這家店

台灣牛肉麵遠近馳名，台灣人愛吃家鄉味，
遠道而來的旅人覺得風味絕佳。但若進一步用 EMBA 理論
分析成功的原因，卻發現完全不適用台灣這家獨具特色的店。

台灣有家牛肉麵店，從來不受局勢影響，從以前台海危機、中美斷交、飛彈危機，到現在陸客不來造成許多店家倒閉，他們都不擔心，因為營業時間還沒到，客人已經開始排隊，就這麼一路排到打烊。

這店開在破落巷的矮房子裡，小小的、暗暗的，不注重裝潢，幾十年來外觀一樣，只有廚房不斷擴大。即使後來搬遷，就搬到對面繼續營業，以為新店登場總會弄個漂亮門面，不，還是小小的、暗暗的，而且人龍依舊。

這種矮矮小店在台灣很常見，他們的存在是有理由的。一家人胼手胝足打拚出目前的局面，太多人習慣他們，像我坐在店裡聽切豆乾「兜兜兜、兜兜兜」的節奏，就覺得好吃。好多人出國回來直奔店裡，湯一喝，才覺得回到台灣，這就是無可取代的家鄉口味。

他們不怕一例一休，更不必請實習生，店裡全是自家人，店裡的錢就是大家的錢，老闆心裡有本帳。但久了總有朋友勸他們要開連鎖，老闆之一（通常是男方）會心動，老婆則覺得一家人不愁吃穿，保守就好，結果意見不合拆夥分手。有的擴大後真有好發展，也有尾大不掉、半途而廢，新開的一一收了，只剩老店依舊。

這種案例EMBA（對不起了！前面幾位專欄作者）沒法處理，因為學院派有套公式，但光要老闆好好做出一本帳都辦不到！就像我有個朋友開夜店，也讀EMBA，發現教授們研究過許多case，就是沒碰過夜店，看不懂他們如何在門口篩選客人，怎麼靠俊男美女做大生意，杯觥交錯間，自有哲學！

台灣就像那矮矮小小的店面，「二二八」已經七十年，多少人想用理論來抹平傷痕，結果呢？有人建議中正紀念堂改成立法院，預言了一神下去，眾神上來！……這個店是否終將變成兩派互不喜歡的人勉強地在一起。台灣有不缺各種原因所造成的遊子，只是回來再吃那碗牛肉麵，味道盡失！

——柯P二〇一八演講稿外洩——

／世大運之後，柯文哲民調高漲，有名嘴開始抹紅他在上海雙城論壇的「一家親」言論。痛定思痛，聽說柯P擬好明年的講稿，不巧被我撿到，內容是這樣的……。

柯市長世大運後民調高漲，許多名嘴抹紅他在上海雙城論壇的「兩岸一家親」言論，聽說柯P痛定思痛，已經擬妥了明年的講稿。我昨天在地上撿到一張A4，翻開一看，居然就是他二〇一八的講稿，立刻與讀者共賞……。

各位愛搞統戰的領導、各位媒體朋友，大家早安，大家好，我……台灣台北市長柯文哲。上次我來上海雙城論壇，提到要秉持兩岸一家親的理念，加強兩岸交流合作，結果證明路線錯誤！

這幾年來，我發現貴黨與貴黨主席沒有想像中可怕，你看他處理北韓拿不出霹靂手段、也說不出瘋話，因此，是時候可以說實話了。我們台灣真心認為，跟你們大陸應該保持「兩岸一家仇」的狀態，你們習大大可以盡量放狠話，比川普還要狠，我們小英也會說些不著邊際的華麗文青詞藻回應，仇恨越大、政局就越穩！保證雙方都會提高聲望！互蒙其利。

雖然我跟民進黨看起來整天吵架，實際上，我們是一體的。我ＬＩＮＥ小英，要她把官方陸委會提升為大陸事務部，跟內政部、外交部一樣大；每個縣市廣設大陸部辦公室「大辦」，這是學你們的「台辦」，辦公室主任由總統直接任命，位階等同地下市長，以顯示我們對大陸的重視（當然也創造更多有權無責的高薪位置）。但所有人只領薪水、不做事，好進一步顯示我們根本不把你們放在眼底，這，才是「大辦」的真實任務。

接下來，我們會立刻宣布停辦兩岸所有交流活動，官方不來往，不過你們本來就不跟我們來往，但放心，私底下透過雙城論壇辦活動，你們可以來統戰、唱歌選秀、拍電影、泳渡日月潭，都可以，但我們一定會找人到現場鬧場，好增加能見度，而且一定打個頭破血流，確保雙方的民粹分子都滿意！

至於台灣的未來會怎樣？我告訴你，再偉大的人，沒有不跌倒的，懂得跌倒、你就成功了！加油！

附註：你們辦交流活動，還是不要選台北，好嗎？因為台北警察高層就這麼幾個，我怕再撤職下去，沒人了！謝謝各位！好！現在拍合照，來！大家一起搔頭！

附註：有人質疑這篇講稿的真實性，說真正的講稿怎麼會掉在地上讓我撿到，欸！你們忘了南韓媒體在空屋垃圾桶撿到前總統閨密的平板嗎？

救災是場大戲

執政者最大的風險是「救災」，做得好可以贏得聲望；做不好，極可能毀掉名聲。穿什麼、吃什麼，都很重要，反正救災就是演出，注意細節，必使掌聲如雷！

南部水患嚴重，蔡英文搭雲豹裝甲車勘災，惡評不斷。不論古今中外，執政者的最大風險都是「救災」，做得好可以贏得威望，但不注意細節，極可能毀掉名聲。因此救災是場大戲，必須時時演練。

失敗組好比美國小布希搭乘空軍一號在空中繞一圈當做勘災；歐巴馬繼續度假根本沒去現場；川普太太梅蘭妮穿五吋高跟鞋登機救災，都慘遭批評，因為災民家破人亡，更需出氣！就像《延禧攻略》裡乾隆為了澇災，不得不對負責施粥的皇后老爸下手，「殺一人以謝天下」。現代領袖無法任意斬人，更須監控細節，方可將危機化為轉機。

這場大戲第一指導原則就是「不能高過災民」，好比怎麼去災區？當災民泡在水裡，蔡英文高高坐在雲豹車上，大忌！最理想是搭救生艇、披星戴月、風塵僕僕趕到現場，第一次露面千萬記得要細細化上「勘災妝」，髮濕不能遮五官、臉色慘白又不致於狼狽，嚴禁露出笑容。

而且穿什麼涉水很重要，雨鞋絕不可穿名牌，好比蔡英文第一次勘災穿Hunter，就是大錯，好在後來改了。隨扈絕不幫忙撐傘，最好學知名災難主播眭澔平找水深的地方半跪姿勘災，以示跟災民站在一起。

吃飯也有學問，不能訂五百元便當，必須腳踩在水裡與災民共餐，食物不能有死傷慘重的豬、雞、魚，聽災民訴苦、適時掉眼淚，一切都要讓攝影機拍到，至此過關一半。另一半可用綠幕特效拍些驚心又感人的畫面搭配催淚配樂補強。

而且千萬別承諾在幾年內花多少錢讓哪裡永不淹水，要學毛澤東視察黃河水患時留下的名言「要把黃河的事情辦好」，他承諾了什麼？什麼都沒說，反正沒辦好就是手下沒聽話，他還保留「震怒」空間！

任何戲都需反覆排練、以求自然。身為資深製作人，建議政府只要聽到下大雨，就要啟動演出計畫，取消一切活動，不能過節、不能剪髮、不能度假、不能唱歌跳舞，先化好妝、做好溼淋淋髮型待命。記住，救災就是演出，必使掌聲如雷！

關於政客髮型的真心話

髮型，可看出一個人的內在，更有遮瑕之效。
政治人物往往不敢改變造型，身邊的人也不敢說出真心話。
看看川普、金正恩這兩個例子……
還是當心一下「髮型很奇怪的男人」為妙。

最近送女兒去美國讀書，跟老美聊天，發現他們關注兩件大事，焦點一當然是川普與金正恩，第二個焦點，則是週日播出的ＨＢＯ影集《冰與火之歌》第七季！

《冰與火》單集製作費就高達一千萬美金，相信很多讀者早透過各種「管道」看了好幾季，很有話題可聊，但老美更好奇我們怎麼看北韓。

美國人普遍擔心兩邊對罵久了，真會引發戰爭。我則覺得亞洲人幾十年來習慣如此局勢，處變不驚。但金正恩真厲害，一個小國家就抓住了全世界的卵葩（這可不是髒話，外交部長都公開說過）。我還有個結論讓老美聽了拍案叫絕，就是千萬要當心「髮型很奇怪的男人」！人們不敢改變髮型，往往是自認可以遮掩缺點，而且身邊沒人敢告訴他們，這樣真的很難看！

就像川普跟金正恩，一個老闆當久了，一個從小當老闆，兩人都聽不進別人意見，難怪髮型都這麼……奇怪。傳說川普的頭髮是「用地方包圍中央」，當他在戶外遇到逆風，髮型就成了笑柄！還有報導指出北韓有十四款批准的男性髮型，百姓可以擇一修剪，但金正恩頭不在其中，顯然沒人敢褻瀆元首。

從政治人物髮型可以窺見他們的內在。好比賴清德留日本偶像中分頭，走偶像路線；馬英九則習慣梳油頭，一絲不苟；蔡英文外型日日相同，髮型、衣服萬年不變，三十八度高溫還穿長袖，真耐熱！還是花媽最厲害，我說過她的髮型像媽媽，當然受歡迎！民調高居第一。

政客的政見跟髮型一樣，都不敢任意更動，反應好的、不能改；反應不好的，還是得堅持，怕一改引來更多批評！藍綠都像已經劇透的戲，觀眾早膩了，我也說過，大家絕對會選出個瘋子或是素人！

柯P登場，他從外型到政見都能改，敷著貓熊面膜也能上新聞！即使外界質疑世大運花車造型像出殯，他居然不疾不徐回答：「要讓世界看見真實的台灣！」讓人無言以對，……又忍不住想看下去！

國人到底有多在乎世大運輸贏？真不得而知，像這次亞洲盃籃球賽大輸日本三十八分，好像也不痛不癢，只有像我這種傻蛋，在美國半夢半醒間還忽然看到當年洪濬哲連續晃過韓國後衛，在底線跳投得分、贏了！

醒來，枕頭溼一片，時差迷糊了我的眼，真不知這枕上，是淚水、還是口水？

—拿捏的難處—

人家常說「灰色地帶」，做事情拿捏「黑與白」不容易，就出現了「灰」，拿捏真是不簡單，說話的人、聽到的人、回應的人，大家想法都不一樣，都還有學習空間。

最近女士官為了募兵，貼出裝萌照，寫著「新來的妹子」、「請讓我為您服務」，不知情的人還以為是什麼地方的廣告，實在不可思議！因為印象中負責募兵的，是板著臉的鐵血教官。

我們教官江浙口音、很威嚴，每天站得直挺挺，檢查全校服裝儀容，相信他也有招募壓力，但頂多安排軍校學長座談，對我們永遠不苟言笑。我曾在康樂大競賽即興模仿他的江浙口音，全校都笑瘋了，教官臉上一陣紅、一陣白，後來私下道歉，他卻說：「沒什麼關係，王偉忠你模仿得滿像的！」很有雅量。

做節目時，還是喜歡模仿與譏諷，從民國七十年《電視街》的「新聞後遺症」，一路轉變衍生出模仿名嘴、政客的《亂講》、《悶鍋》系列。模仿難學，但好的模仿能單憑一句話抓住神髓、博得喝采。

模仿愈像、麻煩愈大，因為權威人士愈不爽！我們的模仿雖不曾讓大監委介入調查，卻接過無數壓力要求不准再演某人，有時乾脆砍掉整套節目！記得當時悲憤決定轉而模仿鄧小平，總踩不到地雷吧！沒想到把小平同志捧成喜感老阿伯，太受歡迎，結果又是不准做！

最後模仿秀還是停了，因為政客言論已經比假扮角色還要荒謬，新聞甚至比綜藝節目還可笑，唉！真做不下去了！

模仿這麼多年，我們始終不打落水狗，也禁止演員幫政治人物站台，才能不受人情左右；可惜不站台禁令早打破，因為演員們說：「我只會這個！」實在無法苛責。還曾替製作人玩過火出面道歉，因為公共頻道必須負責，拿捏失控確實會傷人。

就像高中時，有天教官又罵我們打打鬧鬧不想反攻大陸啦！我立刻模仿他的口音回嘴：「大陸又不是我們丟掉的！」

話一出口，就知道壞了！鐵血教官這回什麼都沒說，掉過頭、安靜離開，從背影看他緩緩伸手抹去眼淚。我知道，他對失去大陸感到羞愧，而我，也為自己的白目感到羞愧。所以尺度、場合的拿捏，大有學問！好比說陳師孟是個「豬」監委……嗯？會有問題嗎？

─為小事抓狂─

這年頭很多人為小事抓狂，其實我們可以透過電影、文學、舞台劇進入旁人的內心，體會他們抓狂的內在原因，有了同理心就可以降低怒火，按耐對幹的衝動。

最近社會上暴躁新聞越來越多，有吃火鍋不爽就把整鍋熱湯倒在旁人頭上的，有帶兩歲孩子參加旅行團遭到團員言語霸凌不爽的，更有喊冤貼出小孩沿途尖叫爆哭影片平反的。

這年頭很多小事令人抓狂，每人都像火柴棒，光搔搔頭就能自爆，推薦諸位在暴怒前看看今年入圍奧斯卡最佳外語片的黎巴嫩電影《你只欠我一個道歉》。

電影中修路工頭因為修排水管小事，用粗話罵了脾氣甚差的修車廠老闆，工頭拒絕道歉、修車廠老闆堅持提告，律師介入後挑起最敏感的族群問題，發展成激烈對抗，總統出面請他們和解，雙方都不肯，為什麼？

一邊是住難民營裡的落難巴勒斯坦工程師，他可以忍受生活的艱困，卻無法忍受對方用殘酷話語凌辱自己的民族悲劇；一邊是無法說出童年經歷的倖存者，沒人理解他內心的傷，卻認為他應該寬大對待難民。所有人都綑綁在抓狂困境裡，想走也走不開。最後導演巧妙解套，手法值得借鏡。

說穿了，很多歷史大事的開端都是像電影裡修排水管這等小事，可大、可小。當社會成熟，我們可以透過電影、文學、舞台劇進入旁人的內心，體會旁人抓狂的內在原因，同理心可以降低怒火，按耐下對幹的衝動。

但真實世界一旦抓狂，很難同理。尤其越親近、往往越尖銳，有人說：「斗米養恩、擔米養仇」，有時候付出越多未必會帶來感謝，善反而轉為怒火，不論私人情感、家族恩怨、社會變遷甚至政治對抗，一旦小事變大事，注定雙方都受苦。

以電影為鑑，我們當然可以笑看目前台灣局勢，相信同文同種，再怎麼不爽都不至於引發內亂。

但一次次的轉型正義、藍綠衝突、新仇舊恨加上圍觀者眾，萬一搔搔頭真起了火，到時候可來不及拍電影，讓雙方慢慢陳述前因後果與內心種種細微轉折，砰！就爆了。所以，快去看電影，就當抱佛腳、做功德吧！

一句話惹毛躁鬱症大王

本人是江湖上最有名的躁鬱症大王，開車暴怒、下床氣，我都發作過。但最近流行的躁鬱症是自認的「轉型正義」，建議蔡總統出面關懷一下……

最近發現社會上的躁鬱之氣顯著增加，為什麼我會知道？因為本人在江湖上是最有名的躁鬱症大王。

躁鬱有五大類，第一種是有原因的，像出門走路碰一下、開車擦一下，立刻怒急攻心，一陣亂打，事後後悔萬分。另一種是下床氣，一路氣到上床，整天都躁鬱。像板凳姐自備板凳搭火車，人家拍拍她提醒車廂太擠、妨礙出入，她一路狂罵到全車廂都搖頭。

還有一種是失落，以前有經濟奇蹟、有各類台灣之光，一旦奇蹟消失、光滅了，鬱卒呀！通常唱唱民歌、開同學會，懷舊一下就好，但又不能天天唱歌開同學會，一靜下來，更躁鬱！

有人自認正義，看到路人丟垃圾，跳出來指正，路人連忙道歉，他卻更火大，更正義，無疑是躁鬱症發作了。新進榜的則是遭受不公平對待，最近流行轉型正義，但轉型就真能正義？還是不正義怎麼辦？

這五類如有雷同，就是雷同，因為我都發作過。至於該怎麼降低躁鬱？建議蔡總統出面關懷躁鬱症，講些口號，繼「不會讓老人孤單」、「不會讓同志孤單」，不如就說「不會讓躁鬱症孤單」，雖然有點重複、有點空洞，但喊起來挺爽的，而且空洞有什麼不好？宇宙就是靠大爆炸造成的空洞才完整！

其實，我們這裡春光明媚、夏日熱情、秋高氣爽、冬陽怡人，走出門就能享受平靜小確幸，按圖索驥找點美食，多開心。像我在周一的蔣公誕辰紀念日（簡稱萬聖節……）到大安森林公園走走，好多人圍成「沉默螺旋」曬太陽，對社會不聞不問！

後來驚嘆公園草真長，看來柯P市長搶輸農產公司的董事席次後，打算請市民以野草取代價格飆漲的高麗菜……

對了，我還有一種躁鬱原因很特別，那就是我也算名人小有特權，在星巴克點咖啡，服務生一問我「先生貴姓？」……不認識我，我就火大，就躁鬱，我想我完了！救救我！

做事，不分大小

努力做事，做擅長的、感興趣的才有意思，不必事事比大小。

就像蘇東坡，際遇很冤，但他活得多遼闊，還寫出：

「莫聽穿林打葉聲，何妨吟嘯且徐行……」

最近日夜都在棚裡拍戲，有時為了工作必須出國，也爭取最短行程，當日去、隔天回，這麼大的工作量很辛苦，國內電視環境又不好，但能進棚拍喜劇，仍是好事。

以前，什麼都沒有、無後路可退時，只能拚命向前衝；等有了退路，事情可做可不做，反而開始覺得做事不分大小，努力去做，做自己擅長的、感興趣的，才有意思。

就像台灣不必事事比大，善用巧實力，往往更有效。正如孟子說：「以小事大以智、以大事小以仁。」

像這次拍戲，起因是八大董事長林柏川問了聲：「有沒有想做的？」他也是製作人出身，知道國內拍戲的辛苦，我回：「如果讓我們做點台灣家庭的喜劇，就謝謝了！」沒想到就這麼起了頭，琢磨出新戲《我家是戰國》。

拍戲的辛苦再忙，好處也是忙，因為一忙就沒時間關心政治。做政治模仿秀這麼多年，很少有機會這麼長時間不關心新聞，結果沒什麼損失，反正最近電視新聞看起來像交通電視台；報紙一打開便覺得台灣沒一件好事，全是燒殺擄掠；政治更令人厭煩到極致，名嘴與政客們相互做球，聯手卯足勁捧一人、捧上天再狠狠砸下去、砸完再捧別人……就這樣反覆操控著台灣政局，看了心煩。

尤其現在又沒有大悶鍋可以解悶，越看越焦慮、越焦慮越看，經常看得火冒三丈。一忙起來少看政治，反而什麼火都熄了！人生倍覺清爽。

政治難看，因為政治人物與名嘴都汲汲營營想做大事做大官，深怕失去位子。他們在同一條船上，只會政治這一行，各種大包袱扛久了，失去創新能力，這一行又沒有累積，一旦失去舞台，由奢返儉難，不僅小事做不來，人生也恐怕再也回不去了。

像太陽花女王事件，讓名嘴彭華幹一夕之間成為眾矢之的，頓失生計，我曾跟他一聊，勸他不要怨天尤人。就像蘇東坡才高八斗，一輩子際遇卻更幹、更冤，而且貶得更遠！但蘇軾活得多遼闊，還寫出《定風坡》：「莫聽穿林打葉聲，何妨吟嘯且徐行。竹杖芒鞋輕勝馬，誰怕？一簑煙雨任平生。料峭春風吹酒醒，微冷，山頭斜照卻相迎。回首向來蕭瑟處，歸去，也無風雨也無晴。」

最近華幹兄的通告量再回春，在此也特別寫一首詞送他：「東坡才情勝汝多，且勸華幹莫太幹，回首名嘴風光好，關機，也無風雨也無晴！」

——以誰的情懷為準？——

詩人余光中過世，他在詩裡的鄉愁、種種情懷，
隨著他的離開成為絕響。但顯然有人抱著不同想法，
甚至有人說他「死好！」說他不是文人。我懂余光中的情懷，
也知文壇恩仇，卻不解這天外飛來的「死好」為何而生。

在台灣，我們對同一話題經常沒有共識。週末我與美籍華裔聲樂家田浩江演出舞台劇《往事只能回味》，浩江在北京長大、我在嘉義長大，他跟我在劇場裡一次又一次回溯我們各自的家族記憶。我與他雖然過去從不認識，但透過一次次演出，越發像是沒有血緣的「後天親人」。最後一場演出結束，大幕落下，我們之間真有種親人分離的不捨，我懂，他懂，這是我們的情懷。但全場觀眾們都認同我與田浩江的情懷嗎？未必，也不強求。

就好像有人在場內看戲、場外有人跑台北馬拉松；有人抗議空氣污染、有人在家裡吃火鍋，誰的情懷比較高尚、比較「對」？沒得比、也不必比。就像有人為了南京大屠殺而憤怒，並不代表這個人不在乎二二八，各人有各人情懷。可是一句「死好」，著實比詩人之死更令人驚訝。

不知道《今周刊》有多少年輕讀者，但身為作者的情懷，還是想講。即使我們無法告訴下一代如何了解旁人的情懷，起碼，不要去憎恨踐踏另一人的情懷。尤其到了十八歲，即將可以投票，我覺得人可以懂人情，可以有愛憎，但未必需要世故，需要算計。投票之前，試著了解每個族群聲嘶力竭的原因，多認識不同的想法，可以拓展自己的視野。

歷史證明壟斷無法持久，就像國民黨的威權，結果留下了民進黨，現在民進黨執政，大家都在看接下來會怎麼樣。

現在台灣不論統獨藍綠，大家都出現在同一個餐廳、同一個馬拉松裡，無法分離，當然社會以後一定會出現新文化，在此之前，我相信台灣不會發生種族滅絕。可是萬一未來決定驅逐非我族類，……請早點讓大家知道，發LINE也可以，但就是別發成長輩圖：「早安，今天有點冷，離開台灣時多穿件衣服！」

好好活下去

台灣人花數小時排隊投票，讓政客體會到政黨的光環褪色，
讓彼此一窺公民社會的縮影，
大家重新思考未來該如何與同溫層外的人們溝通，不算浪費生命。

上週末縣市長大選（二〇一八年），投票時遠遠看到林媽媽，趨前問候。

林媽媽是好友的媽媽，這四十年間也只見了四回，但她立刻認出我：「阿忠喔！」還笑著說：「我九十二歲了！」問她有家人陪著投票嗎？她指指樓上說：「有個歐巴桑，但我要她別來！」短短一句話交代家人全在國外的現況。

陪她邊聊邊排隊，隊伍不短，眾人耐心等候。投完九合一，她問：「公投要不要

投？」一時之間，滿屋子人都豎起耳朵想聽聽我的意見！

這好像五十年前裹小腳的奶奶在村子裡投票，她不識字，從圈選區掀開簾子對我爸大喊：「志剛！看不懂，你進來幫我蓋！」她想我爸是村長，當然可以進來幫忙！爸爸尷尬地說：「您就投吧！」

五十年後，輪我尷尬，圓滑解釋：「您可以投、也可以不投，您看看！」她問：「看什麼？」這又太難回答，結果林媽媽決定放棄。說實話，我國文不算好但也不差，看公投題目一團糊塗，深恐誤解文義，一縷再縷，感覺到背後長龍射來如箭般催促眼光，深恐拖累投票進度，只能倉促蓋戳，唉！

半減卻：王偉忠盡情吹牛六十年的心得報告

作者 王偉忠｜**主編** Chienwei Wang｜**執行編輯** 莊雅雯｜**企劃編輯** Guo Pei-Ling｜**美術設計** 田修銓｜**排版** 黃雅藍｜**攝影** CHANG CHIEH｜**道具** Hikky Chen｜**影片** 廖建華｜**妝髮** 王嫣汝｜**場地** 尖蚪映畫｜**製作協力** 王蓉、Carol Lin、徐詩喬｜**董事長** 趙政岷｜**出版者** 時報文化出版企業股份有限公司 108019 台北市和平西路三段 240 號 3 樓 **發行專線** ─(02)2306-6842 **讀者服務專線** ─0800-231-705．(02)2304-7103 **讀者服務傳真** ─(02)2304-6858 **郵撥** ─19344724 時報文化出版公司 **信箱** ─10899 臺北華江橋郵局第 99 信箱 **時報悅讀網** ─http://www.readingtimes.com.tw｜**法律顧問** 理律法律事務所 陳長文律師、李念祖律師｜**印刷** 勁達印刷有限公司｜**初版一刷** 2018 年 12 月 28 日｜**初版三刷** 2021 年 11 月 17 日｜**定價** 新台幣 380 元｜

※《半減卻》收錄王偉忠從二〇一三年六月至二〇一八年十一月發表於《今週刊》專欄文字。

ISBN 978-957-13-7613-4
Printed in Taiwan

半減卻：王偉忠盡情吹牛六十年的心得報告－王偉忠著
-- 初版 . -- 臺北市 : 時報文化 , 2018.12
360 面 ; 14.8×21 公分 . -- (PEOPLE 叢書 ; 430)
ISBN 978-957-13-7613-4 (平裝)
1. 言論集
078　　107019494